Matthias Koch

Potenziale der Verkehrsverlagerung vom MIV zum ÖPNV

Matthias Koch

Potenziale der Verkehrsverlagerung vom MIV zum ÖPNV

Beispielhafte Analyse von P&R-Anlagen und Mobilitätsverhalten von Pendlern im Raum Jena

Obwohl sämtliche in diesem Buch enthaltenen Verfahren und Informationen nach bestem Wissen zusammengestellt und mit Sorgfalt getestet wurden, sind Fehler nicht vollständig auszuschließen. Deshalb sind die in diesem Buch enthaltenen Informationen mit keiner Garantie oder Verpflichtung verbunden. Autor und Verlag übernehmen deshalb keinerlei Verantwortung und werden deshalb keine daraus folgende oder sonstige Haftung übernehmen, die auf beliebige Art aus der Benutzung dieses Buchs oder Teilen davon entsteht.

In gleicher Weise übernehmen Verlag und Autor keine Gewähr dafür, dass die beschriebenen Verfahren frei von Schutzrechten Dritter sind. Die Wiedergabe von Warenbezeichnungen, Gebrauchsnamen, Markennamen usw. in diesem Buch berechtigt deshalb auch ohne besondere Kennzeichnung nicht dazu, dass solche Namen im Sinne der Warenzeichen- und Markenschutz-Gesetzgebung als frei zu betrachten wären und daher von jedermann in beliebiger Weise benutzt werden dürften.

Die Deutsche Bibliothek – CIP Einheitsaufnahme

Ein Titelsatz für diese Publikation ist bei der Deutschen Bibliothek erhältlich.

Herstellung: Books on Demand GmbH, Norderstedt

Verlag: Oberkochener Medienverlag, Oberkochen

www.okomedien.de

Printed in Germany

ISBN 978-3-945899-24-3

Inhalt

Inhalt **5**

Vorwort **8**

1. Einführung **9**

1.1 Fragestellungen 9

1.2 P&R-Anlagen – Arten und Entwicklungsgeschichte 9

1.3 Das Potenzial der Reiseverbesserung durch P&R 11

1.4 Vorgehensweise 11

2. Mobilität **13**

2.1 Verkehrsmittel und deren Einsatzgebiete 13

2.2 Formen kombinierter Mobilität 14

2.3 Notwendigkeit der Verhaltensänderung im Bereich der Mobilität 15

2.4 Studien zur Rezeption und Optimierung des ÖPNV 17

2.4.1 ÖPNV-Studie des ADAC 17

2.4.2 YouGov-Studie 17

2.4.3 Studie über Optimierung der Auslastung im öffentlichen Verkehr 17

2.5 Grenzen und Herausforderungen von P&R 18

2.5.1 Grenzen von P&R und B&R 18

2.5.2 Weniger Autos in Innenstädten durch P&R? 18

2.5.3 Förderung von Zersiedelung durch P&R? 19

3. Das Untersuchungsgebiet, Pendlerströme und der P&R-Begriff **20**

3.1 Das Untersuchungsgebiet 20

3.2 Pendler in Jena 21

3.3 Die Hauptverkehrswege im Raum Jena 24

3.4 Der P&R-Begriff in dieser Arbeit 24

4. Einflussgrößen des öffentlichen Personennahverkehrs und von P&R **25**

4.1 Ermittlung von Reiseketten 25

4.2 Reisezeitbestimmende Einflussgrößen 25

4.2.1 Fahrzeiten des ÖPNV 26

4.2.2 Gestaltung von P&R-Anlagen 26

4.2.3 Umsteigehäufigkeit 29

4.3 Kosten ... 29
4.3.1 Fahrpreise und Fahrpreisvergünstigungen ... 30
4.3.2 Parkkosten ... 30
4.4 Komfortzentrierte Bewertungskriterien ... 31
4.4.1 Auslastung der Züge ... 31
4.4.2 Bedienhäufigkeit ... 32
4.4.3 Komfort in den Fahrzeugen ... 32
5. Methoden ... 33
5.1 Die Umfrage ... 33
5.1.1 Das Ziel der Umfrage ... 33
5.1.2 Details im Aufbau der Umfrage ... 34
5.1.3 Der Fragebogen ... 35
5.1.4 Verbreitungskanäle ... 39
5.1.5 Durchführung der Umfrage ... 40
5.1.6 Grenzen des Informationsgehaltes der Umfrage ... 40
5.2 Die Begehung ... 41
5.2.1 Die Analyse der Standorte ... 41
5.2.2 Indexbildung in der Bewertung von Bahnhöfen ... 41
5.2.3 Die Bewertungskriterien und ihre Anwendung ... 42
5.3 Die Reisekettenanalyse ... 44
6. Ergebnisse ... 46
6.1 Ergebnisse der Umfrage ... 46
6.1.1 Ergebnisse der Fragen an MIV-Nutzer ... 47
6.1.2 Ergebnisse der Fragen an ÖPNV-Nutzer ... 48
6.1.3 Weitere Analysen ... 51
6.1.4 Kommentare zur Umfrage ... 52
6.1.5 Weiterführende Besprechung der Ergebnisse der Umfrage ... 52
6.1.6 Geringe Taktung und geringe Nachfrage im Zirkelschluss ... 55
6.2 Ergebnisse der Begehung ... 56
6.2.1 Suffizienz der vorhandenen Parkplätze ... 56
6.2.2 Distanzen zwischen Parkplätzen und Gleisen ... 58
6.2.3 Art des Bahnsteigzugangs ... 60

6.2.4 Kosten der Parkplatznutzung ... 61
6.2.5 Qualität der Parkplätze ... 61
6.2.6 Kapazitäten im näheren Umfeld ... 61
6.2.7 Ergebnisse und Zusammenfassung ... 61
6.2.8 Analytische Bewertung ... 64
6.2.9 Zusammenfassung ... 65
6.3 Ergebnisse der Reisekettenanalyse ... 65
6.3.1 Verzögerung durch Berufsverkehr ... 65
6.3.2 Wichmar – Jena-Optronik ... 67
6.3.3 Kahla – Jena/Carl-Zeiss-Promenade – Attraktivitätsverlust durch ungünstige ÖPNV-Situation im Zielbereich ... 68
6.3.4 Staufenbergstraße – Loquitzweg ... 69
7. Entwicklungsmöglichkeiten in den Bereichen P&R, B&R und ÖPNV ... 71
7.1 Fahrscheinloser ÖPNV ... 71
7.1.1 Hohe Auslastung auf wenigen kurzen Strecken ... 71
7.1.2 Kosten des MIV für die Allgemeinheit ... 72
7.1.3 Zusammenhang von Gesundheit und ÖPNV-Nutzung ... 72
7.1.4 Zersiedelung durch kostenlosen ÖPNV ... 73
7.1.5 Geringe Belastung kommunaler Haushalte ... 73
7.2 Folgerungen für den Raum Jena ... 73
7.2.1 Ausbau von Bahnhöfen in den Randbereichen Jenas ... 73
7.2.2 Haltepunkte in der Nähe von Zeiss und FH ... 73
7.3 Ein Blick in die Zukunft ... 74
8. Fazit ... 75
Literatur ... 76
Glossar ... 80
Abbildungen ... 81
Tabellen ... 82
Anhang ... 84

Vorwort

Das Thema Verkehrsvermeidung und Verkehrsreduzierung rückt in letzter Zeit z. B. in Verbindung mit der Klimadiskussion wieder vermehrt in den Fokus.

Eine bekannte und wohl noch ausbaufähige Methode der Verkehrsreduzierung ist Park-And-Ride mit seinen Varianten. Hier werden Personenkilometer im Individualverkehr durch solche im Öffentlichen Personen- (Nah-) Verkehr ersetzt. Dies wirkt sich vorteilhaft auf verschiedene Umweltparameter – wie z. B. die Luftverschmutzung – aus.

In meiner Masterarbeit habe ich die Park-And-Ride-Situation in der Umgebung von Jena untersucht und Schwachpunkte und Verbesserungsmöglichkeiten dargestellt. Ich gehe davon aus, dass im Umfeld vieler anderer „kleiner Großstädte" ähnliche Probleme wie in Jena bestehen und die von mir eingesetzte Vorgehensweise auch dort anwendbar ist.

In der Absicht, meine Ergebnisse einem größeren Leserkreis zugänglich zu machen, habe ich meine Masterarbeit überarbeitet. Daraus entstand dieses Buch.

Bei Herrn Prof. Dr. Henn bedanke ich mich für die Betreuung und Förderung der Arbeit, sowie für wertvolle Hinweise. Weiterhin bedanke ich mich bei Frau Dr. Schäfer und Frau Lagrange für ihre hilfreichen Anmerkungen

Ich bedanke mich bei Herrn Gottlieb von der Nahverkehrsservicegesellschaft Thüringen (NVS) für die informativen Gespräche und die weitergehende Unterstützung vor allem bei der Erwirkung der Genehmigungen für die Umfragen in Zügen. Bei den Eisenbahnverkehrsunternehmen bedanke ich für die Genehmigung von Umfragen in ihren Zügen. Schließlich möchte ich mich bei Herrn Margull und Frau Gehre von der Stadtverwaltung Jena bedanken, die mir in Gesprächen die Situation und Herausforderungen im ÖPNV, insbesondere im Raum Jena näher erläutert haben.

Außerdem bedanke ich mich bei meinem Vater für die hilfreichen Anregungen und bei Herrn Hauke Rehr für das Korrekturlesen.

Jena im Dezember 2018

Matthias Koch

1. Einführung

1.1 Fragestellungen

Ein Ziel der modernen Stadtentwicklung ist es, Städte sauber, sicher und frei von Umweltbelastungen wie Luftverschmutzung und Lärmbelastung zu gestalten. Ferner sind unterbrechungsfreie Wege wünschenswert. Ein Ziel für die Zukunft der Gestaltung von Mobilität ist es daher auch, den Autoverkehr in Städten zu verringern. Am Beispiel von Jena, einer Stadt mit zwei sich kreuzenden Bundesstraßen und einem Gebiet, das durch das Relief und geschützte Bereiche begrenzt ist, würden sich schnell die Vorteile von Maßnahmen zeigen, die den Lebens- und Arbeitsraum vermehren und Flächen, die für Mobilität bereitgestellt werden müssen, verringern.

Um Flächenverbrauch und Lärmbelastung durch den Individualverkehr in Jena und den umliegenden Landkreisen und Städten zu verringern, müssen die Chancen und Potenziale, die im ÖPNV liegen, besser erkannt und genutzt werden. Diese Arbeit setzt an dieser Stelle an und legt dabei den Fokus auf die Frage, ob und wie P&R (Park and Ride) und B&R (Bike and Ride) einen Beitrag zum Aufbau von besseren Alternativen zur Autonutzung oder deren teilweisen Ersatz leisten können. Neben dem Fokus auf P&R und B&R steht die ganzheitliche Betrachtung des öffentlichen Nahverkehrs in der Umgebung um Jena im Zentrum der Betrachtung.

Warum nutzen nicht mehr Personen den ÖPNV auch in Form von P&R und B&R und gibt es insbesondere unter den MIV-Nutzern den ÖPNV sowie P&R und B&R betreffende Fehleinschätzungen? Keine Maßnahme und Verbesserung der Verkehrsnetze, Fahrzeuge und Vorrichtungen wird die erwünschten Erfolge bezüglich der Annahme durch die Nutzer erzielen, wenn diese nicht richtig informiert sind.

1.2 P&R-Anlagen – Arten und Entwicklungsgeschichte

Eine wichtige Errungenschaft der letzten zwei Jahrhunderte ist die Revolutionierung des Verkehrswesens. In der Mitte des 19. Jahrhunderts wurde die Eisenbahn als Massentransportmittel eingeführt. Sie war lange Zeit das bedeutendste Landverkehrsmittel und behielt diese Stellung bis zum zweiten Weltkrieg. Nach dem zweiten Weltkrieg rückte in den meisten Industrieländern die Straße ins Zentrum des Verkehrsgeschehens und schon bald nach Beginn der zunehmenden Nutzung von motorisierten Straßenfahrzeugen im öffentlichen Verkehr setzte sich der motorisierte Individualverkehr durch. Mit diesen Entwicklungen änderten sich auch die Wohn- und Arbeitsbedingungen der Menschen. Immer öfter wurden Wohngegenden bevorzugt, die von Lärm und Luftverschmutzung weniger beeinflusst waren. Möglich war dies teilweise durch die Nutzung schneller öffentlicher Verkehrsmittel, vor allem aber durch die zunehmende Verbreitung des PKW. Diese als Suburbanisierung bezeichnete, in den 70er und 80er Jahren des 20. Jahrhunderts einsetzende Entwicklung sowie der vermehrte Bau monofunktionaler Wohnsiedlungen führten zu immer weiteren Wegen, die oft nur noch mit dem Auto überwunden werden konnten (NUHN & HESSE 2006:201ff.). Neu entstehende Wohngebiete wurden häufig auf diese Art der Mobilität zugeschnitten. Öffentliche Verkehrsmittel, die suburbane Räume bedienten, die durch viele Zwischenhalte langsam waren und eine niedrige Taktfrequenz aufwiesen, konnten nicht mit der Flexibilität und unterbrechungsärmeren Fahrt von PKWs mithalten.

Mit dem Aufkommen des Autoverkehrs und damit der Pluralisierung der Nutzungsmöglichkeiten von Verkehrsmitteln begann auch die Nutzung von mehreren Fortbewegungsmitteln (Multimodalität) auf einer Fahrt von einem Quell- zum Zielort. Das führte zur Herausbildung einer entsprechenden Infrastruktur. So wurden in der Mitte des zwanzigsten Jahrhunderts zunächst in verschiedenen amerikanischen Städten P&R-Anlagen eingerichtet. Dies sind Parkplätze in der Nähe von Bahnhöfen und Busbahnhöfen insbesondere in Vororten von Großstädten, die mit dem Ziel eingerichtet werden, das Umsteigen von PKW-Fahrern auf in der Regel schienengebundene öffentliche Verkehrsmittel zu vereinfachen. 1955 wurde der erste P&R-Parkplatz mit dieser Bezeichnung in Chicago eingerichtet. 1958 wurde der erste P&R-Parkplatz in London eröffnet. In Europa etablierte sich das P&R-Konzept erst in den 1980er-Jahren großflächig (ANDERHUB 2006:17).

Mit der Zeit wurde deutlich, dass die Lage von P&R-Anlagen die Art der Nutzung stark beeinflusst. So wird heute zwischen zentralem und dezentralem P&R unterschieden. Zentrale P&R-Anlagen sind meist große Anlagen in Zentrumsnähe. Die Nutzer fahren dabei den größten Anteil der Strecke von ihrem Ursprungsort in die Innenstadt mit dem PKW, um dort nur für die letzten Kilometer auf den ÖPNV umzusteigen. Bei dezentralen Anlagen befinden sich die Parkplatzflächen über verschiedene Standorte verteilt. Dieser Fall trifft auf den Raum Jena zu, da es im Umland mehrere Orte gibt, in denen der Bahnhof als Umsteigepunkt genutzt werden kann. Bei einer Stadt der Größe Jenas ist die Bedeutung des zentralen P&R eher zu vernachlässigen (ANDERHUB 2006:35), auch wenn ein derartiges Konzept bereits in Bezug auf den Parkplatz am Sportforum angedacht ist.

Außerdem wird die Größe der Anlagen unterschieden. In der Betrachtung Jenas und der umgebenden Städte haben besonders Bahnhöfe mit einem Angebot von ca. 15 bis 50 Parkplätzen eine Rolle gespielt. In Ballungsräumen größerer Städte gibt es P&R-Parkplätze in Größenordnungen von einigen 100 bis zu 5000 Stellplätzen (ANDERHUB 2006:35f.).

In einem Artikel der Thüringischen Landeszeitung (TLZ) wurde dargelegt, die Stadt Jena sehe wenig Bedarf an P&R-Anlagen innerhalb der Stadt. Zu kurz seien die Anfahrtswege und zu groß die beim Umsteigen entstehenden Umstände (STRIDDE 2014).

1.3 Das Potenzial der Reiseverbesserung durch P&R

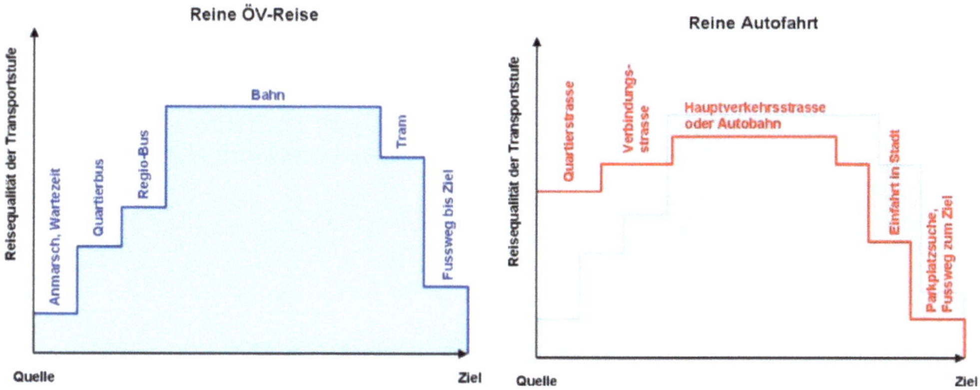

Abb. 1: Die Abschnitte einer Reise mit dem ÖPNV im Vergleich zur Autofahrt (ANDERHUB 2006:4)

ANDERHUB stellt in seiner Diplomarbeit „Park & Ride und Bike & Ride“ ein System vor, in dem er die Phasen einer Fahrt bewertet. Dabei wird exemplarisch eine typische Pendlerfahrt nachgezeichnet und qualitative Unterschiede der einzelnen Abschnitte herausgestellt. So wird eine Fahrt mit dem Auto und dem ÖPNV verglichen. Die Autofahrt beginnt am Wohnort in Richtung des Ziels. Das Auto bietet einen gewissen Level an Reisequalität. In der Betrachtung der Streckenqualität wird durch die Fahrt innerorts bis zur Schnellstraße aber insgesamt nur eine niedrige Reisequalität erreicht. Bei der Reise mit dem ÖPNV wird ebenfalls die Reisequalität entsprechend der in verschiedenen Abschnitten genutzten Transportmittel unterschieden: So wird in dem gegebenen Beispiel zunächst von der Nutzung des Busses bis zum nächsten Bahnhof ausgegangen. Die Reisequalität ist niedrig und liegt unter der des ersten Abschnittes der Autofahrt. Die Autofahrt führt weiter auf einer Schnellstraße, die Reisequalität der Autofahrt steigt. Der ÖPNV-Nutzer steigt mit dem Bus am Bahnhof angelangt auf den Zug um. Die Reisequalität steigt über die des Autos hinaus. Der Autofahrer erreicht die Zielstadt und wechselt erneut auf eine langsamere Straße. Die Reisequalität sinkt wieder. Währenddessen erreicht auch der ÖPNV-Nutzer die Zielstadt und steigt erneut in Bus, Straßenbahn, S- oder U-Bahn um. Die Reisequalität bis zum Zielort sinkt wieder unter die des Autonutzers (s. a. Abb. 1). Durch die kombinierte Fahrt können qualitative Mängel in der ÖPNV-Nutzung auf den ersten Kilometern ausgeglichen werden.

1.4 Vorgehensweise

Zunächst sollen der derzeitige Stand des Ausbaus einer Auswahl von Bahnhöfen im in Kapitel 3 definierten Untersuchungsgebiet mit P&R-Anlagen festgehalten und Verbesserungsmöglichkeiten herausgestellt werden. Außerdem soll die Bewertung des ÖPNV durch Pendler auf den entsprechenden Strecken durch Befragung eingeholt werden. Dabei gilt es die Wahrnehmung der Nutzer, aber auch der Nichtnutzer zu beachten. Darüber hinaus soll gefragt werden, wie diese Anlagen wahrgenommen werden. Meinungen und Handlungsweisen und daraus entstehende Gewohnheiten in Bezug auf ÖPNV und P&R, die sich aufgrund der Untersuchung ergeben, werden aufgegriffen und hinterfragt. Das gilt z.B. für die Themen Reisekosten oder die Optimierung wichtiger Reiseketten. In einzelnen Fällen wird auch die Linienführung von öffentlichen Verkehrsmitteln betrachtet und im Verlauf einzelner Reiseketten analysiert.

Aufgrund der Ergebnisse, in die sowohl die Sicht der Nutzer als auch eigene Beobachtungen eingehen, werden gezielt realistische Verbesserungsvorschläge entwickelt, die zu einer erhöhten Akzeptanz von P&R führen können.

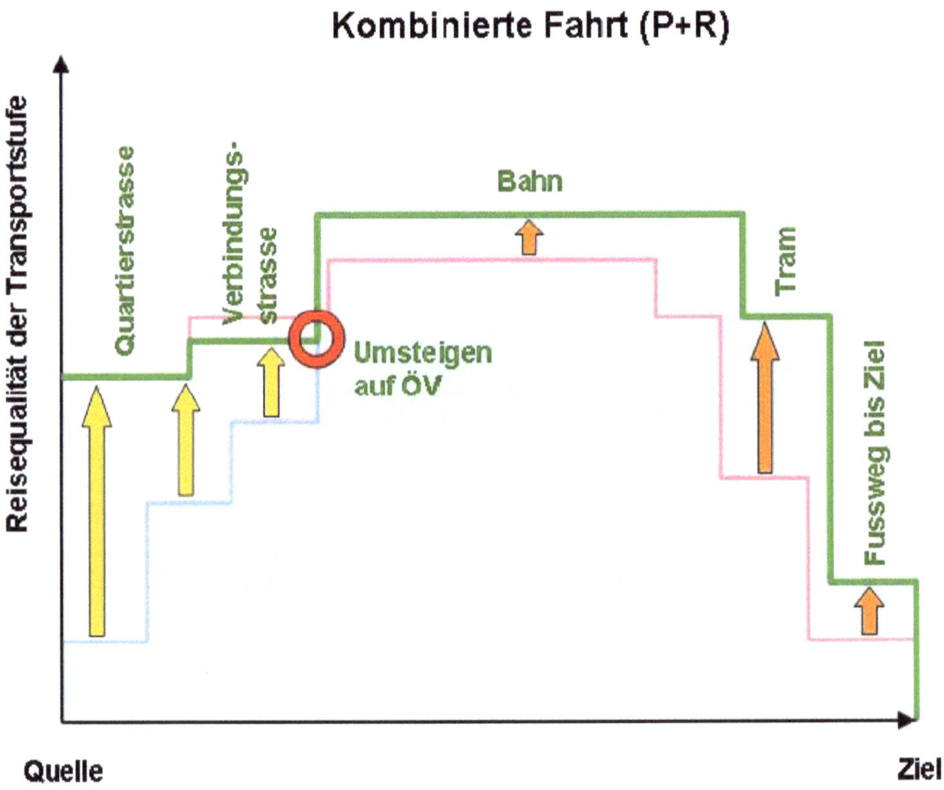

Abb. 2: Verbesserung der Qualität der ersten drei Reiseabschnitte durch kombinierte Fahrt (P+R) (ANDERHUB 2006:4)

2. Mobilität

2.1 Verkehrsmittel und deren Einsatzgebiete

Der öffentliche Personennahverkehr (ÖPNV) umfasst Verkehrsangebote mit Verkehrsmitteln, die durch alle Personen in der Regel gegen Zahlung eines Beförderungsentgeltes genutzt werden können. Weitere Verkehrsmittel kommen bei verschiedenen Formen des Individualverkehrs (IV) zum Einsatz, die die Nutzung von privaten Verkehrsmitteln zur Zurücklegung einer Strecke beinhalten. Der motorisierte Individualverkehr (MIV) als weitere Eingrenzung des Individualverkehrs setzt die Nutzung von privaten motorisierten Fahrzeugen wie PKW oder Krafträder (Motorräder, Kräder) voraus.

Eine Person in Deutschland legte 2008 täglich 3,4 Wege und 39 km zurück (HÜTTER 2013:6). Es gibt verschiedene Möglichkeiten Distanzen zu überwinden. Dabei verteilen sich die Wege auf verschiedene Fortbewegungsformen mit oder ohne Nutzung von Verkehrsmitteln. Somit werden Wege zu Fuß, mit dem Fahrrad, dem MIV oder dem ÖPNV zurückgelegt.

Abb. 3: Durchschnittliche Wegelängen und Anteil an Beförderungsleistung verschiedener Verkehrsmittel in Deutschland 2010 (HÜTTER 2013:7)

Motorisierte Fahrzeuge erfreuen sich seit langem einer hohen Beliebtheit. Dies spiegelt sich in Anzahl und Verkehrsleistung wider. In Deutschland sind 52 Mio. Fahrzeuge angemeldet. Dagegen gibt es in öffentlichen Verkehrsmitteln nur rund 9 Mio. Sitz- und Stehplätze (HÜTTER 2013:22). Die meisten der zurückgelegten Wege (55 Prozent) entfallen auf den motorisierten Individualverkehr, werden also mit Auto, Motorrad etc. zurückgelegt, während nur 10 Prozent der Wege in Zügen, Straßenbahnen und Bussen zurückgelegt werden. Dabei sind die Wege im MIV durchschnittlich 16 km lang, bei der Nutzung von Zügen 34 km und bei der Nutzung von Bussen und Straßenbahnen 8 km (Abb. 3, HÜTTER 2013:7).

Die Beförderungsleistung gibt das Produkt aus der Anzahl beförderter Personen und mit der Anzahl durchschnittlich zurückgelegter Kilometer an (Beförderungsleistung = Zahl der beförderten Personen * Anzahl durchschnittlich zurückgelegter Kilometer). 76 Prozent der Beförderungsleistung entfallen auf den MIV. Auf Busse, Straßenbahnen und den Schienenverkehr entfallen jeweils 7 Prozent, auf das Fahrradfahren und das zu Fuß gehen jeweils 3 Prozent (HÜTTER 2013:7). Die Abfolge der auf einer Reise verwendeten Verkehrsmittel wird als Reisekette bezeichnet. Innerhalb von Reiseketten kann entweder nur ein Verkehrsmittel genutzt werden, oder es kann innerhalb einer Reisekette zwischen verschiedenen Verkehrsmitteln gewechselt werden. In letzterem Fall spricht man von kombiniertem Verkehr.

Die größte Stärke des ÖPNV ist die Möglichkeit, viele Personen, deren Start- und Zielpunkte entlang derselben Linie liegen, zu transportieren. Abseits dieser durch den ÖPNV erschlossenen Linien und Haltestellen treten die Vorteile des MIV hervor. Er ermöglicht, dass einzelne Personen schnell von jedem Quellort zu jedem beliebigen Zielort transportiert werden können. Zwei Nachteile des MIV sind die stärkere Umweltbelastung im Sinne von Immissionen und der hohe Platzbedarf. Platzbedarf ist im Grunde auch Umweltbelastung, i.d.R. ist er mit erheblicher Flächenversiegelung verbunden. Dies kann weitere Negativfolgen, wie z.B. erhöhte Hochwassergefahr im Falle starker Niederschläge implizieren. Zum Platzbedarf zählen Straßen- und Parkplatzbedarf der Autos. Dieser Platzbedarf kann nicht immer voll befriedigt werden und führt häufig zu Vollauslastung und Überlastung der gegebenen Infrastruktur, die sich dann in der Form von Staus äußert und zu Parkplatzmangel an Zielorten, sowie allgemein einem hohen Verbrauch von Flächen und Einschränkung der Bewegungsfreiheit anderer Verkehrsteilnehmer wie Fußgänger und Fahrradfahrer (ANDERHUB 2006:3) führt.

2.2 Formen kombinierter Mobilität

Im Kontext dieser Arbeit ist die Kombination aus motorisiertem Individualverkehr (MIV) mit öffentlichen Verkehrsmitteln (also dem öffentlichen Personenverkehr (ÖPV)) (P&R) und die Kombination aus Fahrrad und ÖPV (B&R) von Bedeutung.

Das betrifft den Berufs-, Arbeits- und Freizeitverkehr und zwar vor allem im Nahbereich (unter 50 km Gesamtweg).

Eine weitere Möglichkeit zur Kombination von MIV und ÖPV ist das Car-Sharing. Dabei wird ein Auto (nach einer Zugfahrt) am Bahnhof angemietet und eine Strecke auf diese Weise zurückgelegt. Zwei weitere Modalitäten, wie Reisende zu Bahnhof oder Flughafen gebracht werden können, sind Kiss & Ride (in diesem Fall wird der Reisende[1] nicht gewerblich durch Angehörige oder Bekannte gefahren) und die Nutzung von Taxis oder Bahnhoftaxis (ANDERHUB 2006:13). Für Berufspendler mit durchschnittlichen Einkommen ist insbesondere die Nutzung des Taxis ineffizient. Darüber hinaus sind beide Modalitäten volkswirtschaftlich kritisch zu sehen, da immer eine weitere Person bemüht werden muss und Wege zusätzlich zum reinen Reiseweg des Pendlers zurückgelegt werden müssen. Falls der Fahrer bei Kiss & Ride zum Wohnort zurückkehrt, wird die doppelte Strecke mit dem Auto zurückgelegt, im Falle von Taxis evtl. sogar mehr. Andererseits ermöglicht K&R evtl. den Verzicht auf einen Zweitwagen. Zu Angeboten zur Kombination von MIV und ÖPV zählen aber auch Angebote für Fernreisende wie der Autotransport auf Zügen (Autozug), Fähren, oder das Parken an Flughäfen oder Bahnhöfen mit anschließender Nutzung von Flugzeug oder Zug, die vor allem von Urlaubsreisenden genutzt werden und dafür ausgelegt sind.

Vergleicht man die Angebote für Fernreisende und Berufspendler so erkennt man einige Unterschiede in den Anforderungen an P&R: Bei Fernreisenden ist gegenüber der Nutzung für P&R bei Berufspendlern die Entfernung des Parkplatzes zum Gleis nicht so entscheidend, da Reisende, die eine Strecke nicht regelmäßig befahren, ohnehin mehr Zeit für den Übergang einplanen und daraus kein täglich wiederkehrender Zeitverlust entsteht.

Eine weitere Alternative für Pendler ist die Nutzung von Fahrrädern für die Fahrt zum Zielort. Ein Modell ist, den ersten Teil des Weges mit dem Fahrrad zurückzulegen, dieses am Startbahnhof abzuschließen oder in eine Fahrradbox einzulagern, mit dem Zug zum Zielbahnhof zu fahren und dort ein zweites für dieses Wegestück eingelagertes Fahrrad zu entnehmen.

Eine Fahrradbox ist eine Art Garage für Fahrräder, die es ermöglichen soll, das Fahrrad vor Wettereinflüssen und Vandalismus zu schützen. Diese Fahrradboxen könnten in der Nähe von Bahnsteigen aufgebaut werden. Monatliche Mieten liegen im Bereich von 5 Euro (ADFC GERMERSHEIM E.V. 2007). Der Verzicht auf den Fahrradtransport im Zug entlastet die Züge von Fahrrädern und erleichtert das Ein- und Aussteigen für alle Fahrgäste. Daher sollte im Falle von Pendlern diese Variante gegenüber dem Mitnehmen von Fahrrädern gefördert und beworben werden.

2.3 Notwendigkeit der Verhaltensänderung im Bereich der Mobilität

Eine Vorannahme dieser Arbeit ist, dass es ein erstrebenswertes Ziel ist, den vom motorisierten Individualverkehr verursachten Lärm, den Platzverbrauch und die Raumaneignung, insbesondere in Städten zu verringern und die Nutzungsmöglichkeiten der Räume für Fußgänger und Radfahrer zu verbessern. Dies kann erreicht werden indem mehr Menschen, die zurzeit mit dem Auto fahren, in Zukunft auf gebündelte Formen der Mobilität ohne persönliche Fahrzeuge umsteigen.

[1] Aus Gründen der einfachen Lesbarkeit wurde die männliche Version gewählt. Diese und vergleichbare Aussagen gelten jedoch auch für andere Personen.

Im Weißbuch der Europäischen Kommission werden zehn Ziele für ein ressourcenschonendes und wettbewerbsfähiges Verkehrssystem definiert (SCHIPPL et al. 2015:120, EUROPÄISCHE KOMISSION 2011:9). Unter anderem soll bis 2050 auf die Nutzung mit „konventionellem Kraftstoff" betriebener PKW verzichtet werden. Darüber hinaus soll die Verlagerung großer Gütermengen auf die Verkehrsträger Eisenbahn und Schiff erreicht werden. Weiterhin soll grundsätzlich eine Verringerung von CO_2-Emissionen um 60% erfolgen (EUROPÄISCHE KOMISSION 2011:6). Die Lärmbelastung durch den MIV wird in dieser Veröffentlichung auch mehrfach erwähnt, während der große Flächenverbrauch unbenannt bleibt.

SCHIPPL et al. konstruieren für die zukünftige energieeffiziente Nutzung von Verkehrsmitteln und die Personen- und Güterbewegung allgemein drei verschiedene Extremszenarien, die jeweils zu einer Einsparung von 60 % der heutigen CO_2-Emissionen führen sollen (SCHIPPL et al. 2015:122ff.):

1. Fokus auf saubere Antriebstechnologien,

2. Fokus auf Verkehrsverlagerung,

3. Fokus auf Reduktion des Wachstums physischer Mobilität.

Im ersten Szenario wird von einer starken Verbesserung in der Forschung bei alternativen Antriebstechnologien ausgegangen. Die Kosten für Batterie- und Brennstoffzellenfahrzeuge sinken. Da weiterhin auf persönliche Kraftfahrzeuge gesetzt wird, verringert sich der Flächenverbrauch durch Fahrzeuge in diesem Szenario nicht. Die Lärmemission wird hierbei durch den Einsatz von leiseren Antriebstechnologien gesenkt. Im zweiten Szenario wird der Fokus auf die Verkehrsverlagerung gelegt. Mehr Investitionen in den Ausbau der Infrastruktur sollen für eine Verlagerung des Autoverkehrs auf öffentliche Verkehrsmittel bewirken. Auch die angebotenen Dienstleistungen im Bereich des ÖPNV sollen verbessert werden. So sollen zur Überbrückung der „letzten Meile" autonome Fahrzeuge der ÖPNV-Betreiber eingesetzt werden. Dieses Szenario bietet das Potenzial, Flächen einzusparen, da auf öffentliche Verkehrsmittel gesetzt wird und die genutzten Fahrzeuge für „die letzte Meile" mit mehreren Personen geteilt werden, oder bei zeitweise sinkendem Bedarf außerhalb von verdichteten Innenstadträumen abgestellt werden können. Im dritten Szenario liegt der Fokus auf der „Erhöhung der Ökoeffizienz des Verkehrssystems." Hohe Kosten für Mobilität (z.B. durch einen hohen Ölpreis) sorgen für die Verkürzung von Fahrten und dafür, dass die Bevölkerung ihre Lebenssituation so einrichtet, dass zwischen regelmäßig besuchten Orten nur wenig Distanz ist. D.h., dass ein Wohnort in der Nähe des Arbeitsplatzes gewählt wird, oder Kinder auf eine möglichst nahegelegene Schule gehen. Durch Telearbeit, Videokonferenzen, Webinare und Online-Shopping sollen weitere Wege vermieden werden. Durch Stadtentwicklungskonzepte wie die „Stadt der kurzen Wege" und die Regionalisierung von Wirtschaftskreisläufen sollen zudem Wegelängen reduziert werden. Dieses Szenario birgt auch den Vorteil, dass sich die Fahrzeiten der Pendler insgesamt verkürzen und damit Stress und die Gefahr durch Stress bedingter gesundheitlicher Risiken sinkt (KAUFMANN 2017).

2.4 Studien zur Rezeption und Optimierung des ÖPNV

2.4.1 ÖPNV-Studie des ADAC

Im Jahr 2017 befragte der ADAC rund 7000 Teilnehmer in zehn deutschen Großstädten zum Thema ÖPNV. Davon nutzen 3100 Teilnehmer den ÖPNV nicht. Wichtige Gründe für die Ablehnung waren die Kosten (62 Prozent), nicht vorhandene Eignung für den Transport von Gegenständen (60 Prozent), zu lange Dauer (56 Prozent) oder zu starke Auslastung (51 Prozent). Ausfälle und Unbequemlichkeit spielten eine untergeordnete Rolle. Von Frauen wurde oft die Sicherheit bemängelt. Für die Teilnehmer (die weiterführend nur die 3100 nicht-ÖPNV-Nutzer waren) bietet der ÖPNV sinnvolle Nutzung der Fahrzeit, geringe Unfallträchtigkeit und er erfordert wenig körperliche Anstrengung. Allerdings trifft der ÖPNV nicht das Lebensgefühl der Autofahrer: Er biete wenig Spaß, Freiraum und Komfort. Außerdem wurden die Preise und der fehlende Trainingseffekt im Vergleich zum Gehen und Fahrradfahren negativ beurteilt (ADAC 2017).

1370 Befragte konnten sich jedoch vorstellen, den ÖPNV zu nutzen, wenn dieser günstiger werden würde (73 Prozent). Weniger oft genannt wurden Pünktlichkeit (41 Prozent), ein individuelleres Ticketsortiment (37 Prozent) und schnellere Verbindungen (36 Prozent). 20 Prozent der Befragten gaben an, trotz Leistungsverbesserungen nicht auf den ÖPNV umsteigen zu wollen (ADAC 2017). Das Ergebnis dieser Studie zeigt somit, dass insbesondere über günstige Preise mehr Nutzer gewonnen werden können.

2.4.2 YouGov-Studie

Das Ergebnis einer Umfrage von YouGov war, dass 55 Prozent der Teilnehmer keine öffentlichen Verkehrsmittel nutzen, 39 Prozent nutzen an einem Tag der Woche öffentliche Verkehrsmittel (INHOFFEN 2017). Die Studie fokussierte sich darauf, was die Teilnehmer am Fahren mit öffentlichen Verkehrsmitteln stört. 52 Prozent bemängeln dabei Unpünktlichkeit und Verspätung der eingesetzten Fahrzeuge, ebenso wie schlechte Luft und schlechte Gerüche (52 Prozent). 51 Prozent führten überfüllte Fahrzeuge und schlechtes Benehmen von anderen Fahrgästen an. Es bleibt jedoch unklar, wie stark die einzelnen Punkte gewichtet wurden, wie wichtig z.B. schlechte Gerüche oder das Benehmen von anderen Fahrgästen dafür sind, sich gegen die Nutzung von öffentlichen Verkehrsmitteln zu entscheiden. Laut dieser Studie wäre es wichtig, die Pünktlichkeit zu erhöhen und zu verhindern, dass die Nutzer öffentlicher Verkehrsmittel auf zu engem Raum konzentriert werden.

2.4.3 Studie über Optimierung der Auslastung im öffentlichen Verkehr

Das menschliche Mobilitätsverhalten, insbesondere die Entscheidung für oder gegen ein Verkehrsmittel, sind maßgeblich von kognitiven Verzerrungen (*biases*) und Heuristiken (einfachen Daumenregeln) geprägt. Der Faktor Gewohnheit ist bei jeder Überlegung zu Maßnahmen, die den öffentlichen Nahverkehr attraktiver machen sollen, zu berücksichtigen. Es kann nicht davon ausgegangen werden, dass eine Bereitstellung von besseren P&R-Parkplätzen allein zu einer verbesserten Annahme und damit zu einer Reduktion des Verkehrsaufkommens führt. FEHR et al. unterscheiden mehrere persönliche Eigenschaften, von denen das Pendlerverhalten abhängig ist: Individuelle Präferenzen, Zeit- und Kostenwahrnehmungen, soziale Normen, Werte, Gewohnheit, Rahmenbedingungen und institutionelle Faktoren (FEHR et al. 2016:16). Diese Faktoren werden von den Pendlern zumeist nicht bewusst reflektiert und unterliegen individuellen Einflüssen. Die Wahrnehmung und Bewertung der einzelnen Faktoren variiert somit von Person zu Person.

An Werktagen sind die Verkehrssysteme zu bestimmten Uhrzeiten stark belastet, da diese insbesondere dann stark von Berufspendlern genutzt werden. FEHR et al. stellen dar, dass 40 Prozent der Pendler an das Pendeln in der Hauptverkehrszeit (HVZ) gebunden sind und 60 Prozent der Pendler in der Nebenverkehrszeit pendeln könnten (FEHR et al. 2016:14).

In dieser Studie wird weiterhin untersucht, warum so wenige Pendler sich dafür entscheiden, außerhalb der Hauptverkehrszeit zu pendeln. Ein Grund dafür sei die soziale Ächtung anderer Arbeitszeiten, auch wenn in den Betrieben Gleitzeitmodelle etabliert sind (FEHR et al. 2016:21). Eine Möglichkeit, die Verkehrswege zu entlasten wäre somit, mit den Betrieben in Kontakt zu treten und, wo möglich, eine weitergehende Offenheit für flexiblere Arbeitszeiten zu bewirken.

2.5 Grenzen und Herausforderungen von P&R

2.5.1 Grenzen von P&R und B&R

P&R und B&R bieten eine Möglichkeit für Personen, die an verkehrsungünstig gelegenen oder infrastrukturell vernachlässigten Standorten wohnen, den Zugang zu öffentlichen Verkehrsmitteln zu verbessern. Optimal wäre, auch für die Bewohner von Standorten mit schlechter Anbindung an den ÖPNV Lösungen zu finden, die die Nutzung des Autos überflüssig machen, denn ein Fahrzeug mit Verbrennungsmotor verbraucht innerhalb der ersten zwei Kilometer nach einem Kaltstart etwa 30 l Kraftstoff auf 100 km (ADAC 2011:10), was bei Kurzstrecken vom Wohnort zum nächsten Bahnhof besonders ins Gewicht fällt. Durch die zunehmende Verbreitung von Elektroautos wird sich dieses Problem zukünftig reduzieren. Mit der Verbesserung der P&R-Ausstattung verkürzt sich dabei lediglich die mit dem Auto zurückgelegte Strecke. Lösungen, die direkt am Wohnort ansetzen, sind dem in jedem Fall vorzuziehen.

2.5.2 Weniger Autos in Innenstädten durch P&R?

Fraglich ist, ob durch die Nutzung von P&R weniger Autos in Verdichtungsräume gelangen und es damit zur Entlastung der Straßen insbesondere in Innenstädten kommt. In der Diplomarbeit von ANDERHUB ist die Frage danach, ob durch P&R der Verkehr in Verdichtungsräumen reduziert werden kann, eine zentrale Frage (ANDERHUB 2006:7). Außerdem haben P&R-Parkplätze an Bahnhöfen einen hohen Flächenverbrauch. In einer Studie der Studiengesellschaft Nahverkehr aus dem Jahr 1991 gaben 34 Prozent der Befragten an, die Strecke, die sie nun teilweise mit P&R zurücklegen, früher komplett mit dem ÖPNV zurückgelegt zu haben (PRZYBILLA 2016).

2.5.3 Förderung von Zersiedelung durch P&R?

Eine negative Annahme ist es, P&R würde die Zersiedelung fördern. Dies ist vorwiegend dadurch begründet, dass durch P&R die Möglichkeit geschaffen wird, aus einem weiten Radius Zugang zum ÖPNV zu erhalten. Dem muss jedoch entgegengehalten werden, dass Zersiedlung auch durch den Bau von Schnellstraßen in Städte und Parkplätze an den Arbeitsplätzen, Einkaufsorten und Innenstadtbereichen hervorgerufen wird.

3. Das Untersuchungsgebiet, Pendlerströme und der P&R-Begriff

3.1 Das Untersuchungsgebiet

Untersuchungsgebiet ist Ostthüringen mit Zentrierung auf Jena. In diesem Bereich befinden sich sowohl ländliche Gebiete mit geringer Bevölkerungsdichte als auch mehrere kleine Großstädte.

Die Herausforderungen für die Versorgung mit Mobilitätsangeboten sind in dünn besiedelten Räumen besonders hoch. Die Nachfrage streut sich zumeist über eine große Fläche, während sie in Städten stärker gebündelt ist. Daraus müssen in der Regel Kompromisse folgen, bei denen Orte in ländlichen Gebieten nur mit Bussen bedient werden, die oft lange Fahrzeiten zu zentralen Orten haben und nur mit geringer Frequenz verkehren. Im Gegensatz zu Ballungsräumen wie etwa Berlin oder dem Ruhrgebiet befinden sich im Untersuchungsgebiet dieser Arbeit auch viele Orte, die mit dem öffentlichen Nahverkehr nur schlecht erreicht werden können. Abb. 4 zeigt den Fokalpunkt des untersuchten Bereiches mit Jena im Zentrum. In dieser Abbildung sind die Landkreise und kreisfreien Städte und ihre Einwohnerzahlen angegeben. Zu erkennen ist, dass sich im untersuchten Gebiet mehrere dicht besiedelte Bereiche befinden, die von mehreren dünn besiedelten Bereichen umgeben sind.

Stadt/Landkreis	Einwohnerzahl	Größe (km²)	Bevölkerungsdichte (Ew/km²)
Erfurt	210.118	270	779
Jena	109.527	115	954
Landkreis Saalfeld-Rudolstadt	109.278	1036	105
Greiz	101.114	846	120
Gera	96.011	152	631
Saale-Holzland-Kreis	86.184	815	106
Saale-Orla-Kreis	82.951	1.151	72
Landkreis Weimarer Land	82.127	804	102
Weimar	64.131	84	759
Untersuchungsgebiet Gesamt (Summe, Summe, Mittelwert)	941.441	5.274	403

Tab. 1: Demographische Daten des Untersuchungsgebietes. Die blauen Balken stellen je Spalte den Anteil am höchsten Wert dar. Datengrundlage: THÜRINGER LANDESAMT FÜR STATISTIK *2017*

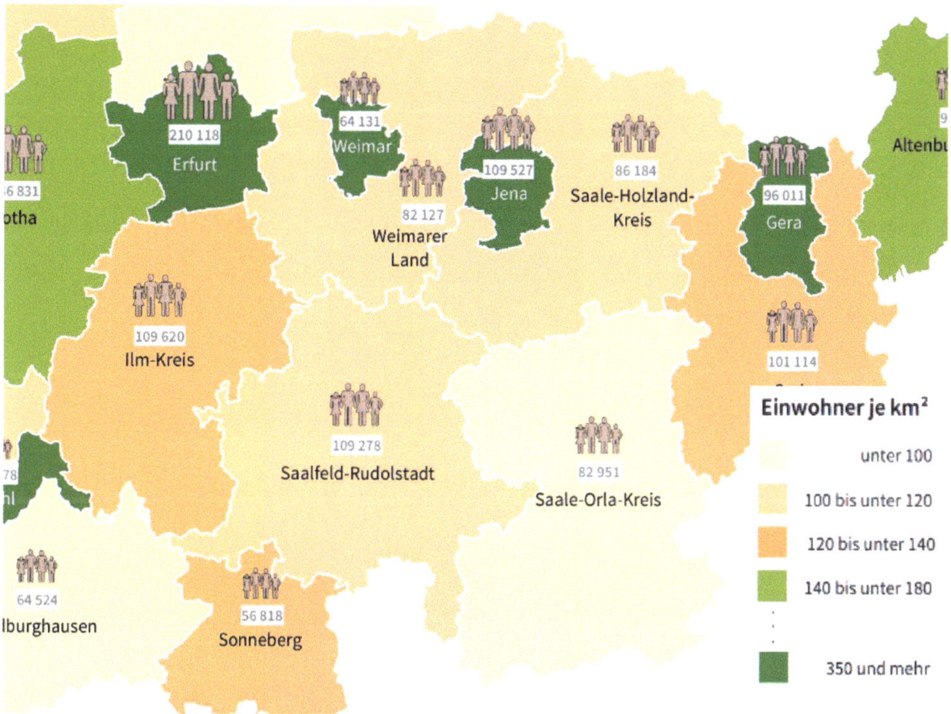

Abb. 4: Abbildung des Fokusgebiet mit demographischen Daten (verändert nach THÜRINGER LANDESAMT FÜR STATISTIK 2016:3)

3.2 Pendler in Jena

Der Pendleranteil in Deutschland liegt bei 59,4 Prozent der Beschäftigten. Das sind insgesamt 18,4 Mio. Menschen. Gründe für das Pendeln sind z.B. hohe Mieten in den Innenstädten, was dazu führt, dass Städte wie München einen deutlich höheren Pendleranteil haben, als der Durchschnitt. Die durchschnittliche Entfernung, die beim Pendeln zurückgelegt wird beträgt 16,91 km (SPIEGEL ONLINE 2017b).

Jährlich liefert die Bundesagentur für Arbeit Daten über das Pendlerverhalten aller sozialversichert Beschäftigter in Deutschland. Von den in Jena lebenden 40.810 Beschäftigten bleiben 29.542 zum Arbeiten dort. Damit liegt der Anteil der Binnenpendler – also der Menschen, die vor Ort arbeiten – bei 73 Prozent (BUNDESAGENTUR FÜR ARBEIT 2017, SPIEGEL ONLINE 2017a). 11.267 Menschen pendeln aus Jena aus, während 25.610 Menschen nach Jena einpendeln.

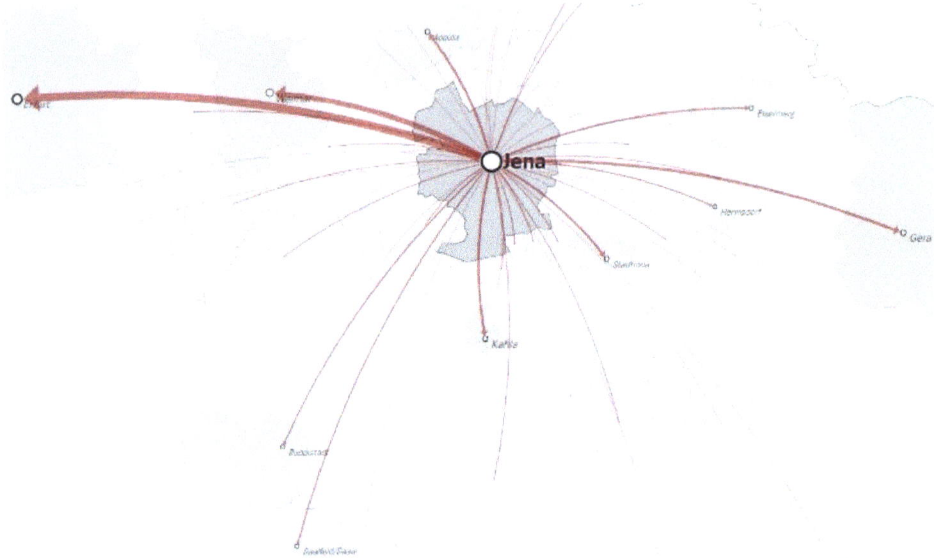

Abb. 5: Die Auspendler Jenas. Die Breite der Pfeile spiegelt das Pendlervolumen wider (SPIEGEL ONLINE 2017a).

Die 11.267 Auspendler arbeiten vorwiegend in der näheren Umgebung. Die Arbeitsorte mit den meisten Pendlern aus Jena sind Erfurt (1437 Pendler), Weimar (906 Pendler), Gera (468 Pendler) und Kahla (403 Pendler). Dem folgen Stadtroda (354 Pendler), Apolda (330 Pendler), Eisenberg (293 Pendler), Hermsdorf (231 Pendler), Saalfeld/Saale (190 Pendler) und Rudolstadt

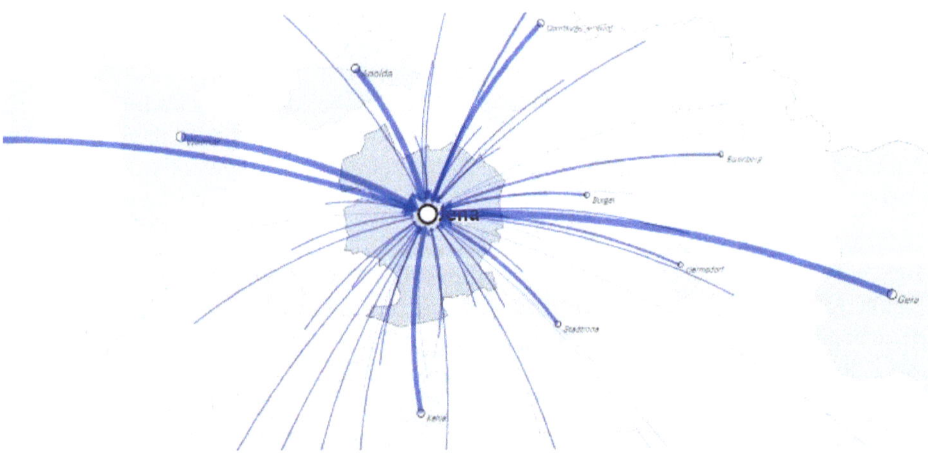

Abb. 6: Pendlerströme nach Jena. Die Breite der Pfeile spiegelt

(165 Pendler). Die häufigsten Ziele für Fernpendler sind Berlin (271), Leipzig (266), München (187) und Dresden (105).

Die Zahl der Einpendler nach Jena ist mehr als doppelt so hoch wie die der Auspendler. 25.610 Personen pendeln von außerhalb ein. Die meisten Pendler aus der näheren Umgebung kommen aus Weimar (1371 Pendler), gefolgt von Gera (1266 Pendler), Apolda (1102 Pendler) und Erfurt (1046). Weiterhin beliebte Wohnorte für Beschäftigte in Jena sind Dornburg-Camburg (968 Pendler), Kahla (964 Pendler), Stadtroda (749 Pendler), Bürgel (536 Pendler), Eisenberg (436 Pendler) und Hermsdorf (393 Pendler).Fernpendler kommen aus Leipzig (397 Pendler), Berlin (323 Pendler), Dresden (161 Pendler) und Halle (Saale) (108 Pendler) (SPIEGEL ONLINE 2017a) (s. auch Abb. 5, Abb. 6, und Tab. 2).

Auspendler nach	Anzahl der Auspendler	Einpendler aus	Anzahl der Einpendler
Erfurt	1437	Weimar	1371
Weimar	906	Gera	1266
Gera	468	Apolda	1102
Kahla	403	Erfurt	1046
Stadtroda	354	Dornburg-Camburg	968
Apolda	330	Kahla	964
Eisenberg	293	Stadtroda	749
Hermsdorf	231	Bürgel	536
Saalfeld/Saale	190	Eisenberg	436
Rudolstadt	165	Hermsdorf	393
Berlin	271	Leipzig	397
Leipzig	266	Berlin	323
München	187	Dresden	161
Dresden	105	Halle (Saale)	108

Tab. 2: Auspendler und Einpendler Jenas

3.3 Die Hauptverkehrswege im Raum Jena

Im Folgenden werden oft die Hauptverkehrswege der Bahn thematisiert. Zu nennen sind dabei die Saalebahn, die Bahn Erfurt – Weimar – Jena – Gera, sowie die Orlabahn.

Die Saalebahn verläuft zwischen Großheringen und Saalfeld. In Jena gehören die Bahnhöfe Jena-Zwätzen, Saalbahnhof, Jena Paradies und Jena-Göschwitz zu ihr.

Die Bahnstrecke Erfurt–Weimar–Jena–Gera bedient im Kern von Jena den Westbahnhof und kreuzt zwischen Jena West und Jena-Göschwitz die Saalebahn. Jena-Göschwitz ist der (Umsteige-) Knoten zwischen den beiden vorgenannten Bahnstrecken.

Die Orlabahn zweigt in Orlamünde von der Saalebahn ab und führt nach Pößneck (unterer Bahnhof). Die Züge auf der Orlabahn sind in der Regel über die Saalebahn nach Jena durchgebunden.

3.4 Der P&R-Begriff in dieser Arbeit

Üblicherweise wird der Begriff P&R für die Nutzung entsprechend ausgewiesener Parkplätze beim Übergang vom MIV zum ÖPNV verwendet. Diese speziellen Parkplätze befinden sich in der Regel an Bahnhöfen oder stark frequentierten Haltestellen. Im Rahmen dieser Arbeit soll P&R jedoch für alle Parkmöglichkeiten an Bahnhöfen stehen.

Der Begriff P&R soll somit vor allem für die Bezeichnung der Praxis genutzt werden, das eigene Auto am Bahnhof abzustellen und einen Teil der Strecke mit öffentlichen Verkehrsmitteln zurückzulegen. Somit werden in den im Kapitel 5.2 beschriebenen Untersuchungen von Bahnhöfen sämtliche Möglichkeiten, Autos in der Nähe eines Bahnhofes StVO-konform abzustellen mit einbezogen. In der Umfrage wurde den Teilnehmern in der Frage, ob sie P&R oder B&R nutzen ebenfalls die auf die Handlung des Parkens am Bahnhof zentrierte Frage „Nutzen Sie regelmäßig (mind. 1x pro Woche) P&R, oder B&R, stellen also Ihr Auto oder Fahrrad an einem Bahnhof/einer Haltestelle in Wohnortnähe ab, um mit Zug, Tram, oder Bus weiter in Richtung Ihres Zielortes zu fahren?“ gestellt, in der keine speziell ausgewiesene Form von (P&R) – Parkplatz vorausgesetzt wurde.

4. Einflussgrößen des öffentlichen Personennahverkehrs und von P&R

4.1 Ermittlung von Reiseketten

Am Beginn der Reise steht der Raum, der mithilfe von Verkehrsmitteln überbrückt werden soll. Dieser wird in Etappen und Wege unterteilt. Ein Weg reicht von einem gewollten Aufenthaltspunkt auf der Reise vom Quell- zum Zielort zum nächsten, z.B. der Halt zum Einkaufen, oder an einer Schule, oder Kindergarten (ANDERHUB 2006:8). Die einzelnen Etappen geben jeweils Veränderungen des Fortbewegungsmodus und damit evtl. verbundene unintentionelle Aufenthalte an. Wege sind „Ortsveränderung einer Person von einem Ausgangspunkt zu einem Ziel, bei Benutzung von Verkehrsmitteln einschließlich Zu- und Abgang" (FGSV 2012:25).

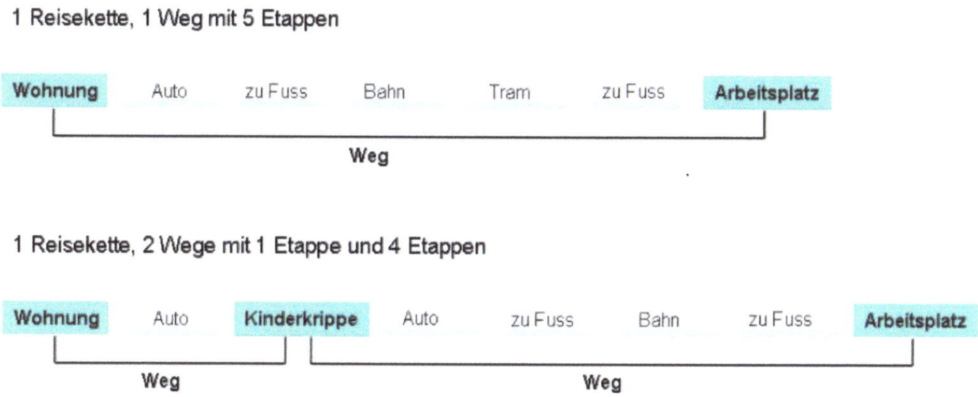

Abb. 7: Beispiel einer Reisekette mit Etappen und Wegen (ANDERHUB 2006:8)

4.2 Reisezeitbestimmende Einflussgrößen

Für die Reise vom Quell- zum Zielort muss eine Distanz überwunden werden. Dies benötigt Zeit. Es wird davon ausgegangen, dass Reisende möglichst wenig Zeit für das Zurücklegen einer Strecke investieren wollen. Faktoren, die überproportional viel Zeit kosten sind im motorisierten Individualverkehr Innenstadtbereiche, Bereiche mit vielen Ampeln, sowie enge und kurvenreiche Straßen, oder Straßen, die schlecht ausgebaut sind.

Im Bereich des ÖPNV gibt es Verkehrsmittel mit unterschiedlichen typischen Reisegeschwindigkeiten. Busse und Straßenbahnen erreichen bei den meist kleinen Abständen zwischen den einzelnen Haltepunkten keine hohen Geschwindigkeiten und unterliegen zusätzlich denselben Einschränkungen wie die anderen Nutzer des Straßensystems. Eisenbahnen haben fast immer ihren eigenen, vom Straßenverkehr getrennten Bahnkörper. Gegenüber dem Straßenverkehr haben Eisenbahnen immer Vorrang. Darüber hinaus sind die Abstände zwischen den Haltepunkten deutlich größer als bei Bussen und Straßenbahnen.

4.2.1 Fahrzeiten des ÖPNV

4.2.1.1 Infrastrukturbestimmte Einflussgrößen

Die Höchstgeschwindigkeit der Fahrzeuge kann nur genutzt werden, wenn die Infrastruktur die entsprechenden Möglichkeiten bietet. Dabei geht es vor allem um die Trassierung (Kurven, Steigungen) und den Oberbau (Qualität und Lage der Gleise und Schwellen). Weitere Einflussgrößen sind die Betriebsform und die installierte Sicherungstechnik.

4.2.1.2 Fahrzeugbestimmte Einflussgrößen

Die technische Gestaltung der Fahrzeuge bestimmt die Fahrzeiten im ÖPNV wesentlich. Maßgebliche Parameter sind die Höchstgeschwindigkeit und die Beschleunigung. Diese Parameter sind weitgehend durch die im Fahrzeug installierte Leistung und den Anteil der angetriebenen Achsen bestimmt. In welchem Umfang die vom Fahrzeug her mögliche Höchstgeschwindigkeit tatsächlich genutzt werden kann, hängt von der verfügbaren Infrastruktur (s.o.) ab.

4.2.2 Gestaltung von P&R-Anlagen

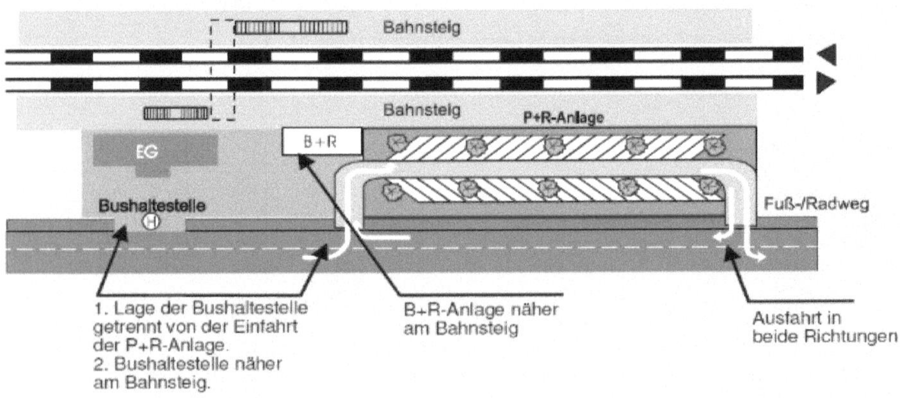

Abb. 8: Beispielhaftes Konzept einer mittelgroßen P&R-Anlage mit schräg angeordneten Parkbuchten (SCHMITT & SCHULZ 2001:49)

Die Gestaltung einer P&R-Anlage hat spürbare Auswirkungen auf die Reisezeit. Das betrifft

- Die Zufahrt zum Stellplatz
- Das Einparken
- Den Weg vom Stellplatz zum Gleis

4.2.2.1 Zufahrt zum Stellplatz und Einparkvorgang

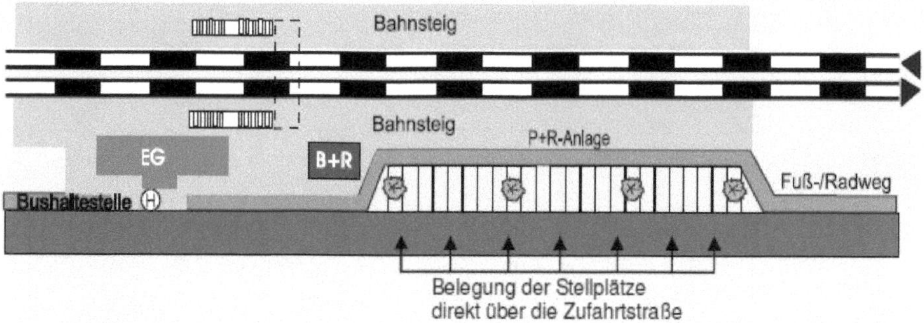

Abb. 9: Beispielhaftes Konzept einer kleinen bis mittelgroßen P&R-Anlage (SCHMITT & SCHULZ 2001:49)

Bei der Anfahrt eines Parkplatzes dauert es meist eine gewisse Zeit, bis ein freier Stellplatz gefunden wird. Das Suchen und Auffinden wird erleichtert, wenn die Stellflächen nicht über eine allgemeine Straße mit Durchgangsverkehr angefahren werden (Abb. 9), sondern eine Zufahrtsstraße im Parkplatzbereich zur Verfügung steht (Abb. 8).

Es gibt mehrere Formen, Parkflächen anzuordnen. Übliche Formen sind die parallele, schräge oder orthogonale Anordnung zur Zufahrtstraße. Diese Anordnungen haben Einfluss auf die Dauer des Einparkvorgangs und das platzsparende Parken. Das gilt insbesondere dann, wenn der Parkplatz teilweise belegt ist und zwischen zwei dort bereits abgestellte Fahrzeuge eingeparkt werden muss. Die parallele Anordnung ist hier am ungünstigsten. Parkplatzoptimales Parken setzt die genaue Beachtung von Markierungen voraus. Einparken zwischen zwei Fahrzeuge kann mit erheblichem Zeitaufwand verbunden sein. Die schräge Anordnung ist am günstigsten. Das Beachten der Markierungen bereitet keine Probleme. Ebenso ist der Einparkvorgang zwischen zwei Fahrzeugen relativ leicht und sehr rasch zu bewältigen.

4.2.2.2 Der Weg vom Parkplatz zum Gleis

Grundsätzlich sollten die Parkflächen in möglichst kurzer Entfernung zum Halteort des Zuges angeordnet werden. Optimal vom Weg und darüber hinaus platzsparend ist die Anordnung des Parkraums über den Gleisen. Hier sind vor allem Lösungen in mittleren und größeren Städten (z.B. Krakau, Metz und Winterthur – s. Abb. 10) bekannt, wo neben den Gleisanlagen keine

Abb. 10: Der Bahnhof Krakow Glowny (Krakau Hauptbahnhof) mit Parkplatz über den Gleisen (GOOGLE INC. 2018)

geeigneten Flächen für den Parkplatz/Parkhausbau zur Verfügung stehen. Sie wären aber auch in kleineren Orten denkbar, z.B. als kostengünstige Lösung aus standardisierten Betonfertigteilen.

Wenn – wie in den meisten Fällen – die Parkflächen neben den Gleisen angeordnet werden müssen, ist auf größtmögliche Nähe und gleisfreien Zugang durch Unter- und Überführungen zu achten. Der Zugang zum jeweiligen Bahnsteig sollte jederzeit möglich sein. Niveaugleiche Zugänge, also jene, die das Überschreiten der Gleise voraussetzen, können – abhängig von der Verkehrslage[2] – zu unvorhersehbaren und unzumutbaren Reisezeitverlängerungen durch Verpassen des Zuges führen.

Nach Möglichkeit sollte der Parkplatz direkt am Bahnsteig entstehen, sodass der Bahnsteig vom Parkplatz möglichst barrierefrei erreicht wird. Im gezeigten Beispiel befinden sich die Park-

---

[2] Z. B. bei Verspätungen

plätze direkt an der Zufahrtsstraße (Abb. 9). Die Zugänglichkeit ist somit optimal. Bei komplexeren Parkplätzen mit mehr Stellflächen muss darauf geachtet werden, dass die einfache Zugänglichkeit erhalten bleibt.

4.2.2.3 Stellplatzverfügbarkeit

Wenn es das Ziel ist, langfristig P&R-Teilnehmer zu gewinnen und zu halten, muss die Wahrscheinlichkeit am P&R-Parkplatz einen Stellplatz zu bekommen im Optimalfall bei 100 Prozent liegen. Potenzielle ÖPNV-Nutzer könnte es bereits vor Fahrtantritt davon abschrecken zur P&R-Nutzung an einen Bahnhof zu fahren, wenn sie nicht sicher sein können, dass dort ein Stellplatz frei ist. Daher ist es wichtig, dass an einem Bahnhof eine ausreichende Anzahl an Parkplätzen vorgehalten wird, die schnell angefahren werden können und von denen aus die Gleise schnell zugänglich sind. Für den Fall einer Vollbelegung sollten Nutzer schon frühzeitig auf Ausweichmöglichkeiten hingewiesen werden, zum Beispiel über ein Parkleitsystem, eine Smartphone-App oder einen direkten Eingriff ins Navigationssystem.

4.2.3 Umsteigehäufigkeit

Um die Reisezeiten möglichst gering zu halten, ist es optimal, eine hohe Anzahl an Verkehrslinien zu haben, die kombiniert mit hohen Geschwindigkeiten möglichst viele Orte in einem bestimmten Radius abdecken können. Für den einzelnen Fahrgast ist es wünschenswert, von einem Quell- zu einem Zielort mit Verkehrsmitteln mit möglichst wenig Zwischenhalten und einer möglichst hohen Geschwindigkeit zu fahren, sowie möglichst selten das Fahrzeug zu wechseln, also umsteigen zu müssen.

Die Umsteigehäufigkeit gibt an, wie oft der Nutzer auf seinem Weg vom Startpunkt (zuhause) bis zum Endpunkt (z.B. Arbeitsstelle) das Verkehrsmittel wechseln muss. Die Grundannahme ist hier: Je häufiger auf einer Strecke das Verkehrsmittel gewechselt werden muss, desto geringer ist der Anteil der Nutzer, die sich für den ÖPNV gegenüber dem MIV entscheiden. Umstiege bedeuten im Vergleich zur Nutzung des Autos letztlich, längere Zeit mit einer Geschwindigkeit von 0 km/h unterwegs zu sein, als würde man an der roten Ampel oder im Stau stehen. Evtl. kann, insgesamt betrachtet, die Umsteigehäufigkeit durch geeignete Liniengestaltung (Linientausch) reduziert werden.

4.3 Kosten

Ein weiterer Faktor beruht auf der Annahme, dass der Nutzer für das Zurücklegen einer Strecke möglichst wenig Geld ausgeben möchte. Insbesondere, wenn es sich hierbei um tägliche Routinefahrten zwischen Wohnort und Arbeitsplatz handelt. Eine Ausnahme könnte sich ergeben, wenn er die Zeit im Zug so effizient nutzen kann, dass ihm dies höhere Kosten wert ist.

Bei allen Vergleichen ist zu berücksichtigen, dass MIV-Nutzer erhebliche Kosten für ihr Fahrzeug tragen müssen wie z.B. Kraftstoff, Steuern, Versicherung, Wertverlust und Reparaturkosten. P&R-Nutzer müssen neben den reinen Fahrtkosten auch noch für die Kosten Ihres Fahrzeugs aufkommen. Dazu kommen evtl. Gebühren für die Parkplatznutzung.

Die Befragungsergebnisse deuten darauf hin, dass ein signifikanter Teil der befragten MIV-Nutzer seinen Fahrtkostenaufwand nicht korrekt einschätzt.

4.3.1 Fahrpreise und Fahrpreisvergünstigungen

Für die Nutzung des ÖPNV fallen üblicherweise Entgelte an. Dazu bieten Verkehrsbetriebe und Verbünde, im Raum Jena v.a. der VMT (Verkehrsverbund Mittelthüringen) neben Einzelfahrscheinen weitere Angebote wie Zeitkarten, die pauschal für einen bestimmten Zeitraum in einem festgelegten Bereich gültig sind, an. Diese Zeitkarten sind gegenüber Einzelfahrscheinen stark rabattiert. Die Kosten liegen bei ausschließlich beruflicher Nutzung bei 15 ct/km und weniger. Nutzt man die Karte zusätzlich noch privat, so ergeben sich noch wesentlich günstigere Kilometersätze.

Anteile der Kosten des Pendelns lassen sich in Deutschland steuerlich geltend machen. Dies gilt für das Pendeln mit dem Auto genauso wie für das Pendeln mit öffentlichen Verkehrsmitteln. Bei gleichem Arbeitsweg und gleicher Anzahl von Arbeitstagen ist der Steuervorteil in beiden Fällen gleich groß.

4.3.2 Parkkosten

Parkkosten fallen bisweilen zusätzlich zu den Beförderungskosten an. Sie werden in den meisten Fällen als Nachteil gegenüber dem MIV wahrgenommen. Eine positive Sicht könnte sich evtl. dann ergeben, wenn moderate Parkentgelte de facto einen sicheren Parkplatz garantieren. Zwei mögliche Gründe können eine Gebührenerhebung rechtfertigen: Zum einen, wenn für P&R ausgewiesene Stellplätze andernfalls von Anwohnern oder Besuchern von Geschäften und Büros in der Nähe des Parkplatzes zweckentfremdet würden und zum Anderen an Parkplätzen an stark verdichteten Standorten, um zu vermeiden, dass die Nutzer einen (zu) weiten Weg mit dem Auto fahren und nur auf den ÖPNV umsteigen, um auf den letzten Kilometern vor dem Ziel nicht im Stau stehen zu müssen. So ist in Erwägung zu ziehen, ob in Gebieten, die bereits mit anderen öffentlichen Verkehrsmitteln versorgt werden, Gebühren für die Nutzung von P&R-Parkplätzen eingeführt werden sollten.

Ein Beispiel dieser Art des Verfahrens ist das P&R-System der Stadt München. An Bahnhöfen in Außenbezirken, die mit anderen öffentlichen Verkehrsmitteln oft nur mit geringer Bedienhäufigkeit erreichbar sind, fallen keine Nutzungsgebühren an. Dagegen werden an Bahnhöfen im Innenstadtbereich Gebühren erhoben, um Nutzer, die von außerhalb kommen, möglichst auf die P&R-Anlagen in den Außenbezirken zu lenken und Bewohner der Innenbezirke dazu zu bewegen, Busse und Straßenbahnen anstatt des Autos für die Fahrt zum nächsten S- oder U-Bahnhof zu verwenden.

Ebenfalls fallen an Grenzen von Tarifzonen, in Autobahnnähe, bei Anschlussbahnhöfen, oder bei Umsteigebahnhöfen vielfach (erhöhte) Parkgebühren an. Da das Parken an diesen Bahnhöfen unter dem Aspekt der Fahrpreis- oder Fahrtzeitoptimierung für die P&R-Kunden besonders interessant ist und zu unausgewogen starker Inanspruchnahme der Parkflächen führen würde, ist eine Steuerung der Parkplatznutzung auf Entgeltbasis bisweilen erforderlich. Als Beispiel

Abb. 11: Im Stadtgebiet München sind nicht alle Bahnhöfe dargestellt (verändert nach MÜNCHNEER VERKEHRSVERBUND 2017, ANDERHUB 2006:8)

dienen hier die Parkplätze an den Bahnhöfen Grafing Stadt und Vaterstetten. Hier werden Gebühren erhoben, an den benachbarten, näher an München gelegenen Bahnhöfen nicht. Vaterstetten liegt am Autobahnring. Parkgebühren sollen vermeiden, dass auf der Autobahn weit nach München gefahren wird, statt bereits frühestmöglich in Wohnortnähe den Zug zu nutzen.

4.4 Komfortzentrierte Bewertungskriterien

4.4.1 Auslastung der Züge

Die Nutzung des ÖPNV muss bequem möglich sein. Dies ist bei Zügen nur mit einem ausreichenden Platzangebot sowie der Möglichkeit des schnellen Ein- und Ausstiegs zu gewährleisten. Problematisch für die Unternehmen des ÖPNV ist, dass die meisten Berufspendler morgens und abends stoßartig zusteigen und dadurch zu diesen Zeiten ein höheres Passagiervolumen entsteht als zu anderen Zeiten (PARK & RIDE REGIONAL 2009:20). Darauf müssen die Aufgabenträger großzügig reagieren, indem lange Züge bestellt und eingesetzt werden, in denen zum einen für jeden Reisenden ein Sitzplatz vorgehalten wird, und zum anderen auch möglichst wenig Aufenthalt und Gedränge in den Gängen und in der Nähe der Türen entsteht. In vergleichbarer Weise müssen die Bus- und Straßenbahnbetriebe dafür sorgen, dass ausreichend Kapazitäten in Bussen und Straßenbahnen bereitgestellt werden. Das kann (bei Bahnen) durch Mehrfachtraktion oder generell durch Taktverdichtung in den Stoßzeiten geschehen.

4.4.2 Bedienhäufigkeit

Dieser Wert gibt die Taktung der Verkehrsmittel auf einer Strecke an. Eine hohe Taktung ist insbesondere dafür wichtig, die Flexibilität des öffentlichen Nahverkehrs an den MIV anzupassen und somit grundsätzliche Nachteile auszugleichen. Neben der Taktdichte ist auch die Symmetrie des Taktes von Bedeutung. Gleiche Abstände zwischen den einzelnen Fahrten sind einem sog. „Krüppeltakt", bei dem die Züge teils verdichtet und dann wieder mit größeren Abständen verkehren, vorzuziehen.

4.4.3 Komfort in den Fahrzeugen

Die Ausstattung der Fahrzeuge sowie die Leichtigkeit des Ablaufs des Ein- und Aussteigens, ohne dass andere Fahrgäste dadurch gestört werden, sind wichtig. Sitze, die das Verlassen des Platzes ohne das Stören anderer Mitreisender jederzeit ermöglichen wären ein Vorteil gegenüber der standardmäßigen Bestuhlung in Nahverkehrszügen mit Sitzpaaren an den Seiten der Mittelachse und einem Gang in der Mitte. Bei Besetzung beider Sitze einer Seite muss die am Gang positionierte Person diejenige, die am Fenster sitzt, durchlassen, was zu Störungen und Unterbrechungen im Reiseerlebnis führt.

Steckdosen und WLAN, die eine intensivere Nutzung der Zeit im Zug ermöglichen, gehören in vielen Relationen schon zum Standard. Ein Konzept der Bahn, „der Ideenzug für den Regionalverkehr der Zukunft", untersucht zudem verschiedene Funktionen in getrennten Bereichen, die während einer Fahrt ein breiteres Spektrum an Aktivitäten während der Fahrt zulassen (DEUTSCHE BAHN AG 2017a). Eine interessante Innovation ist beispielsweise ein Sitz, dessen Ausrichtung beliebig verändert werden kann, sodass die Reisenden nicht entgegen der Fahrtrichtung fahren müssen (DEUTSCHE BAHN AG 2017b).

5. Methoden

Nach den Betrachtungen der Kapitel 2 bis 4 wird eine Bearbeitung des Themas mit unterschiedlichen methodischen Ansätzen angestrebt. Im ersten Schritt galt es P&R im Raum Jena aus Sicht der tatsächlichen und potenziellen Nutzer zu erfassen und auf diese Weise Hinweise auf Schwachstellen und Anregungen für Verbesserungen zu erhalten. Hierfür bot sich eine Umfrage als Mittel an.

Die Gestaltung des Gesamtsystems P&R hängt jedoch auch von einem Blick auf den Aufbau der entsprechenden Anlagen und der Betrachtung und dem Vergleich von Anlagen in einem größeren Untersuchungsgebiet ab. Daher werden die relevanten Informationen über einzelne P&R-Anlagen (Gesamtheit von Bahnhof und Parkplatz) erfasst, die im Rahmen einer Begehung gewonnen werden.

Eine dritte methodische Komponente greift, wenn in der Umfrage oder auch in der Begehung der Bahnhöfe Defizite in Verkehrssystemen oder der Verkehrsführung auffallen. In diesem Fall werden durch die Reisekettenanalyse zusätzlich einige typische Reiseketten abgebildet, und Probleme im Fahrtverlauf analysiert.

5.1 Die Umfrage

5.1.1 Das Ziel der Umfrage

Das Ziel der Umfrage ergibt sich aus der übergeordneten Fragestellung, wie der Autoverkehr und damit Flächenverbrauch und Lärmbelastung in den Innenstädten, insbesondere in Jena verringert werden können. Als besonderer Fokus werden dazu in dieser Arbeit Fragen zur Nutzbarkeit von P&R gesehen.

5.1.1.1 Die Auswahl der Population für die Stichprobe

Für die Umfrage sollen einerseits Nutzer eigener Kraftfahrzeuge (MIV) und andererseits Personen, die die derzeit vorhandenen Alternativen nutzen befragt werden, um festzustellen, was die jeweiligen Beweggründe sind, sich für eine bestimmte Fortbewegungsform zu entscheiden, und insbesondere um festzustellen, was die Nachteile der ÖPNV-Nutzung sind und was die Nutzung des ÖPNV verhindert.

Um verlässliche Ergebnisse zu erlangen, soll eine große Gruppe befragt werden, deren Mitglieder ein möglichst homogenes Reiseverhalten aufweisen. Berufspendler weisen für eine bestimmte Strecke ein regelmäßiges Nutzungsprofil auf und haben im Gegensatz zu Geschäfts- oder Urlaubsreisenden in der Regel keine Belastung durch Gepäck. Sie können Erfahrungen aus dem Zurücklegen einer bestimmten Strecke über einen längeren Zeitraum mit denselben Verkehrsmitteln vorweisen und kommunizieren. Darüber hinaus sind Berufspendler durch die üblichen Arbeitszeitregelungen in bestimmten Zeiträumen vermehrt anzutreffen und damit leichter gezielt anzusprechen und zu befragen. Daher wurde die Umfrage auf sie zugeschnitten. Bei der Umfrage wurden auch Schüler, Berufsschüler und Studenten als Berufspendler verstanden. Als Berufspendler wird im Rahmen dieser Arbeit somit jede Person gesehen, die in der

Regel täglich von ihrem Wohnort (Quellort) zu ihrem Arbeits-, Studien- oder sonstigen Aufenthaltsort (Zielort) fährt und am selben Tag wieder zum Quellort zurückkehrt.

5.1.1.2 Informationen über das Nutzungsverhalten der Berufspendler erlangen

Im Kapitel 4 wurde festgestellt, dass wesentliche Bestandteile einer Fahrtentscheidung im P&R-Bereich Zeit, Kosten, die Stellplatzverfügbarkeit, Bedienhäufigkeit und Umsteigehäufigkeit sind. Durch die Befragung soll festgestellt werden, wie die Berufspendler mit Quell- und Zielorten aus dem in Kapitel 3 definierten Untersuchungsraum rund um Jena diese Parameter jeweils wahrnehmen und wie sich daraus eine Präferenz für ein bestimmtes Fortbewegungsmittel ableitet. Die Ergebnisse sollen Aussagen über die wichtigsten Motive für die Nutzung der jeweils gewählten Transportform treffen.

5.1.2 Details im Aufbau der Umfrage

Um die wahrgenommenen Probleme der Pendler auf dem Arbeitsweg zu erfassen, soll insbesondere die Möglichkeit der Teilnehmer, freie Antworten zu formulieren, unterstützend wirken. Am Ende der Umfrage werden die Befragten dazu aufgefordert, von Problemen oder allgemeinen Herausforderungen auf ihrem Arbeitsweg zu berichten.

Die Umfrage wird so formuliert, dass die Präferenz der Befragten nicht während der Umfrage evaluiert wird. Die Beantwortenden wählen einzelne Punkte ohne weitere Abfrage einer Gewichtung aus.

Eine andere Möglichkeit, die Umfrage durchzuführen wäre die Nutzung von Likert-Skalen mit Abstufungsmöglichkeiten zwischen sehr wichtig und völlig unwichtig. Z.B. bei der Abfrage: „Die Flexibilität, wie sie ein Auto bietet ist mir auf dem Arbeitsweg sehr wichtig". Auf diese Weise hätte man genauere Rückschlüsse darauf ziehen können, ob beispielsweise Nutzer von öffentlichen Verkehrsmitteln, die auch ein Auto besitzen, die Flexibilität als unwichtig einschätzen, während Nutzer von öffentlichen Verkehrsmitteln, die kein Auto besitzen, diese eher als wichtig einschätzen. Von dieser Art der Datenerfassung wurde aufgrund des erhöhten Zeitbedarfs während der Befragung abgesehen.

In der Konzeption der Umfrage stand unter anderem im Vordergrund, eine große Zahl an Teilnehmern, die aus verschiedenen Orten kommen und unterschiedliche Verkehrsmittel nutzen, zu gewinnen. Um zu gewährleisten, dass möglichst viele Teilnehmer an der Umfrage teilnehmen, die diese auch vollständig ausfüllen, werden in der Konzeption der Umfrage einige Maßnahmen getroffen. Zunächst sollten mittels der Umfrage möglichst viele Pendler angesprochen werden. Dazu sollte die Dauer der Umfrage möglichst kurz gehalten werden. Die Umfrage sollte eine möglichst niedrige Abbrecherrate haben, was ebenfalls durch den geringen Umfang der Umfrage erreicht werden sollte. Im Verlauf der Befragung hat sich bestätigt, dass der gewählte Umfang zu wenigen Abbrüchen führte.

Auf das Aufnehmen demographischer Daten wie Alter und Geschlecht wird verzichtet. Zwar ist es durchaus als wichtig einzuschätzen, zu wissen, welche Altersgruppen und welches Geschlecht hinter den jeweiligen Aussagen stehen, um ggf. spezifische Angebote schaffen zu können, die auf diese Gruppen ausgerichtet sind, allerdings tritt dies dadurch in den Hintergrund, dass es wichtiger ist, die Meinungen möglichst schnell zu erfassen und weniger, dass ein möglichst vollständiges Bild entsteht.

In Bezug auf die MIV-Nutzer wird angenommen, dass Autofahren den Nutzern erlaubt, flexibler zu sein. Außerdem könnte der längere Aufenthalt in einer geschlossenen Umgebung für einige Nutzer angenehmer wirken als viel Zeit in öffentlichen Verkehrsmitteln zu verbringen, somit wird auch der Komfort und die Zurückgezogenheit im Auto als Abfragepunkt hinzugenommen.

Die ersten beiden Informationen, die von den Teilnehmern abgefragt werden, sind die Angabe ihres Wohnortes (Quellort) und der Ort ihres Arbeitsplatzes (Zielort). Da zu erwarten war, dass nicht alle Teilnehmer dazu bereit sein werden, ihre vollständigen Quell- und Zieladressen anzugeben, wurde bereits im Fragebogen darauf hingewiesen, dass es auch möglich ist, Orte in der Nähe zu nennen, z.B. einen Supermarkt, oder ein Denkmal, oder zu generalisieren – z.B. „Jena, Saalepark" für das entsprechende Gewerbegebiet. Die Möglichkeit, unscharfe Start- und Zielangaben zu machen, ist ambivalent zu sehen. Positiv ist, dass dadurch auch Antworten von solchen Teilnehmern gewonnen werden konnten, die nicht bereit waren, genaue Ortsangaben zu machen und stattdessen die Frage übergangen oder die Umfrage abgebrochen hätten. Negativ ist, dass durch diese Fragestellung evtl. Teilnehmer, die zu exakten Ortsangaben bereit waren, verleitet wurden ungenauere Angaben zu machen.

Für die Routen vom Wohn- zum Arbeitsort jedes Teilnehmers wurde die Umsteigehäufigkeit ermittelt. Diese wurde so bestimmt, dass einerseits eine möglichst kurze Verbindung gewählt wurde, die aber – wenn im Gesamtweg sinnvoll – möglichst wenig Fußweg beinhalten sollte.

5.1.3 Der Fragebogen

Der für die Umfrage entwickelte Fragebogen umfasst 22 Fragen. Er ist im Anhang zu finden. Da jeder Schritt in der Online-Fragebogensoftware den Aufbau einer neuen Seite benötigt, wurde der Fragebogen auf möglichst wenigen Seiten zusammengefasst. Dies führt dazu, dass auf einer Seite möglichst viele Fragen gestellt werden. Aufgrund der Pfadabhängigkeit müssen Fragen im Verlauf des Pfades auf verschiedenen Seiten angezeigt werden. Dies führt dazu, dass die Fragen nicht thematisch sortiert werden konnten. Einen Überblick über den Zusammenhang der Fragen bieten Tab. 3 und Abb. 12.

5.1.3.1 Grundlegende Fragen zum Wohnort und der Verkehrsmittelwahl

In einem ersten Schritt wird die Verkehrsrelation erfasst. Hierzu wird zunächst nach Wohn- und Zielort gefragt.

Zweitens wird gefragt, wie viel Zeit das Zurücklegen des Weges von Wohn- zu Zielort in Anspruch nimmt.

Gegenstand von Frage drei ist, ob öffentliche Verkehrsmittel für den Arbeitsweg genutzt werden.

In Frage vier wird gefragt, ob regelmäßig P&R oder B&R genutzt wird.

5.1.3.2 Startbahnhof und Dauer des ersten Weges

Frage fünf richtet sich nur an die in Frage drei ermittelten ÖPNV-Nutzer und fragt ab, ob der Startbahnhof mit dem Auto, dem Fahrrad, zu Fuß, oder unterschiedlichen Fortbewegungsformen erreicht wird.

In Frage sechs werden ebenfalls nur die ÖPNV-Nutzer gefragt, wie lange sie für den Weg von ihrem Wohnort zur Starthaltestelle, oder den Startbahnhof benötigen.

5.1.3.3 Fragen an Autofahrer zu Gründen ihrer Verkehrsmittelwahl und zur Parkplatznutzung am Arbeitsplatz

In Frage sieben werden nur Personen, die in Frage drei angegeben haben, mit dem Auto zur Arbeit zu fahren, danach gefragt, warum sie öffentliche Verkehrsmittel, oder B&R, oder P&R nicht nutzen. Die Antwortmöglichkeiten betreffen die Themen Fahrzeiten, Kosten, Komfort, Flexibilität, Unsicherheit, bei der Nutzung von P&R keine freien Parkplätze zu finden, Überfüllung der Züge und häufiges Umsteigen.

Gegenstand der achten Frage, die ebenfalls nur an Autofahrer gerichtet ist, ist der Abstellort des Fahrzeugs am Arbeitsplatz.

Die Antwortmöglichkeiten sind: Parkplatz/Parkhaus kostenlos, bzw. arbeitgeberfinanziert, oder selbst finanziert am Straßenrand oder unterschiedlich.

5.1.3.4 Weitere Fragen zu den Gründen der ÖPNV-Nutzung

Die neunte Frage: Warum nutzen Sie P&R oder B&R, bzw. fahren mit öffentlichen Verkehrsmitteln richtet sich an ÖPNV-Nutzer. Die Antwortmöglichkeiten sind: Zeitersparnis, Kostenersparnis, mehr Komfort, bessere Nutzbarkeit der Fahrzeit, Umweltbewusstsein und „Ich habe kein Auto“.

Frage zehn, ob P&R oder B&R schon einmal ausprobiert wurden, spricht eine Auswahl von beiden Gruppen – ÖPNV- und MIV-Nutzer an.

Frage elf ist mit Frage neun verknüpft und fragt bei Angabe von „Sonstiges“ nach einem Kommentar zu weiteren Gründen zur Nutzung von B&R, P&R und öffentlichen Verkehrsmitteln.

Frage zwölf ist mit Frage sieben verknüpft und fragt weitere Angaben zur Nicht-Nutzung von P&R, B&R und öffentlichen Verkehrsmitteln ab.

Frage 13 lautet: „An welchem Bahnhof stellen Sie Ihr Auto oder Fahrrad ab?“, richtet sich an ÖPNV-Nutzer, die in Frage fünf angegeben haben, dass sie mit dem Fahrrad oder Auto zum Bahnhof fahren und es dort abstellen.

Frage 14, „Nehmen Sie ihr Fahrrad im Zug mit?“, wird denen gestellt, die in Frage fünf eine Antwort gegeben haben, die „Fahrrad“ enthält.

5.1.3.5 Ergänzungsfragen an MIV-Nutzer

Die Fragen 15 bis 17 sind weitere Ergänzungsfragen zu Frage sieben, in denen MIV-Nutzer aufgefordert sind, bei Auswahl der entsprechenden Antwortmöglichkeiten in Frage sieben anzugeben, wie viel länger die Fahrzeit mit dem Zug ist als mit dem Auto, wie viel höher der Fahrpreis ist, oder was die Komforteinbußen gegenüber dem Auto sind.

5.1.3.6 Fragen an ÖPNV-Nutzer zu negativen Aspekten der ÖPNV-Nutzung

In Frage 18 werden ÖPNV-Nutzer nach den negativen Effekten von P&R, B&R und der Nutzung öffentlicher Verkehrsmittel gefragt. Antwortmöglichkeiten sind: Weniger Komfort in Zug oder Bus als im Auto. Mehr Flexibilität und Stauraum wie bei der Nutzung des Autos wären mir wichtig. Längere Fahrtzeit (mit Bus oder Bahn). Kein Bahnhof/Haltestelle in der Nähe meines Arbeitsplatzes, Überfüllung der Züge, Häufiges Umsteigen, Verspätung oder Zugausfälle und Sonstige. Mehrfachantworten sind möglich.

Frage 19 richtet sich an Personen, die mit dem Fahrrad zur Haltestelle oder zum Bahnhof fahren, die in Frage 5 selektiert wurden. Die Antwortmöglichkeiten sind: „Abstellen des Fahrrades an Starthaltestelle, Startbahnhof zu unsicher“ und „Keine Abstellmöglichkeiten für das Fahrrad an der Starthaltestelle, am Startbahnhof“.

Frage 20 ist eine Erweiterung der Frage 18 und richtet sich an P&R-Nutzer: „Was sind negative Aspekte der Nutzung von P&R?“ Die Befragten können dort den Punkt: „Ich bin mir zuhause nicht sicher, ob ich am Startbahnhof/Haltestelle einen freien Parkplatz finde“ anwählen.

Frage 21 ist verbunden mit Frage 18 und erfragt bei Anwählen von „Sonstige“ zusätzliche Kommentare zu negativen Aspekten von P&R, B&R und der Nutzung öffentlicher Verkehrsmittel.

Frage 22 bietet den Teilnehmern die Möglichkeit, einen abschließenden Kommentar zu ihrem Arbeitsweg oder der Umfrage abzugeben.

Autofahrer	1, 2, 3, 4, 7, 8, 10, 12, 15, 16, 17, 22
ÖPNV-Nutzer	1, 2, 3, 4, 5, 6, 9, 11, 18, 21, 22
P&R-Nutzer	13, 20
B&R-Nutzer	13, 14, 19
Nicht-Nutzer von P&R und B&R	10

Tab. 3: Wem wurden bei der Befragung welche Fragen angezeigt? Der gesamte Fragenkatalog befindet sich im Anhang.

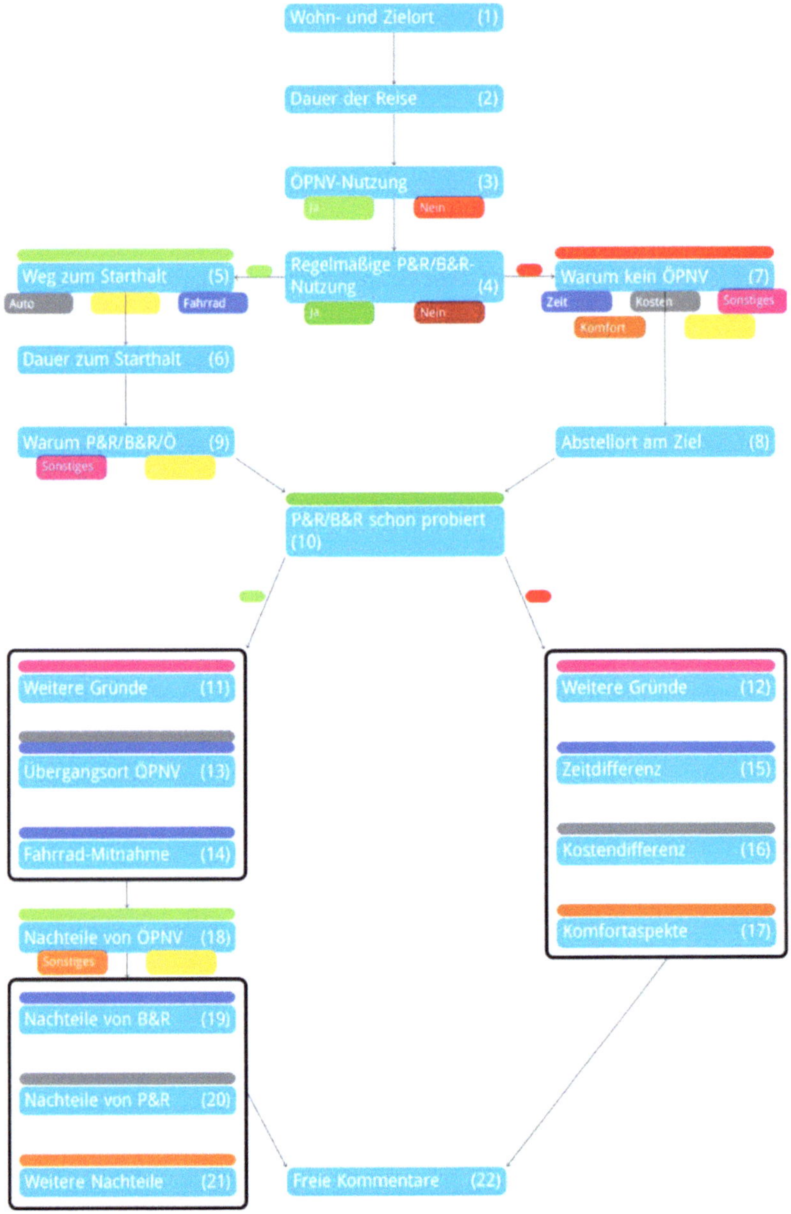

Abb. 12: Flussdiagramm zur Pfadabhängigkeit der Fragen.

5.1.4 Verbreitungskanäle

Bei der Durchführung von Umfragen gibt es nach ENGEL et al. mehrere Formen der Kontaktaufnahme: postalisch, online, telefonisch und persönlich-mündlich (ENGEL et al. 2012:21). Wegen der hohen Kosten von postalischen Umfragen ließ sich dieser Weg nur bedingt berücksichtigen. Für diese Umfrage war es von Bedeutung die relevante Zielgruppe zu erreichen: Personen, die regelmäßig, im Normalfall täglich, eine längere Strecke mithilfe von Verkehrsmitteln zurücklegen. Durch die postalische und telefonische Kontaktaufnahme können Personen zwar räumlich eingegrenzt werden, allerdings ist bei Einwurf am Wohnort nicht sicher, dass Berufspendler erreicht werden. Eine Möglichkeit hier bessere Ergebnisse zu erzielen ist, anstatt an Wohnorten Einladungen zur Umfrage in Form von Handzetteln einzuwerfen, diese eher an Geschäftsadressen verschiedener Jenaer Unternehmen zuzustellen.

Abb. 13: Handzettel zur Bewerbung der Umfrage.

Die Umfrage wurde mithilfe von Handzetteln (Abb. 13) beworben. Diese Handzettel wurden in mehreren Stufen entwickelt. So wurde die ursprüngliche Version durch die Angabe des Zeitbedarfs für die Beantwortung der Umfrage („Dauert nur 3 Minuten") erweitert. Der Handzettel wurde an ausgewählten Postadressen verteilt, an Verkehrsschwerpunkten verteilt (z.B. an Bahnhöfen, in Zügen und auf P&R-Parkplätzen) und über soziale Medien in Gruppen mit Bezug zum Untersuchungsraum veröffentlicht. Darüber hinaus wurden die Lokalmedien über das Projekt informiert, was zu weiteren Veröffentlichungen führte. (JENATV 2017, OTZ 2017).

5.1.5 Durchführung der Umfrage

Am ersten Tag der Umfrage, dem 30. Oktober 2017 wurden Handzettel an Autos angebracht. Zunächst in der westlichen Innenstadt Jenas und in der Nähe des Zeiss-Werks. Dabei wurden etwa 150 Handzettel an Fahrzeugen befestigt. Das Ergebnis war mit drei Teilnehmern bei der Umfrage bis zum 1. November nicht zufriedenstellend.

Sowohl, um höhere Antwortraten zu erreichen, als auch um die Qualität des Fragebogens in der persönlichen Befragung überprüfen zu können, wurden in den darauffolgenden Tagen vorwiegend persönliche Befragungen durchgeführt. Dazu wurden Personen angesprochen und die die Befragung smartphonegestützt, mithilfe eines digitalen Fragebogens, durchgeführt.

Die Methode der digitalen Dateneingabe zeigte mehrere Vorteile: Zum einen müssen die Daten bei der Aufbereitung nicht von Hand eingepflegt werden. Zum anderen wurde bei dieser Umfrage ein pfadabhängiger Ablauf gewählt. Dabei werden dem Teilnehmer nur Fragen angezeigt, die zu seinen bisherigen Antworten passen. Bei einer Befragung mit ausgedruckten Fragebögen hätte das die Notwendigkeit bedeutet, die Pfade manuell zu verfolgen, was eine Fehlerquelle darstellt.

Im Verlauf der Umfrage hat sich mehrfach die Notwendigkeit ergeben, Fragen zu präzisieren oder anders zu stellen. Auf eine gesonderte Pretest-Phase wurde aus Zeitgründen verzichtet. In den ersten Tagen der Umfrage wurden jedoch erfolgreiche Teilnahmen vorwiegend in persönlichem Kontakt erreicht, sodass auftretende Defizite, insbesondere in der Formulierung von Fragen bereits während der Datenerfassung ausgeglichen werden konnten.

5.1.6 Grenzen des Informationsgehaltes der Umfrage

Im Rahmen der Auswertung sollten die Quell-(Wohn-)orte und Ziel-(Arbeits-)orte durch genau einen Punkt bestimmt werden. Aufgrund von Ungenauigkeiten in den Angaben der Teilnehmer war es notwendig, einige Orte näherungsweise zu bestimmen. Bei genauen Angaben zu in der Nähe befindlichen Orten wie bspw. einem Supermarkt oder einem Denkmal, wurden jeweils deren Adressen, bzw. die jeweils nächste Adresse der Untersuchung zugrunde gelegt. Bei der Auswertung der einzelnen Fragen wird immer die Grundgesamtheit der Gruppe der Befragten angenommen. Bei Fragen, die an alle Teilnehmer gerichtet wurden, werden diese auch als Gesamtheit für die Auswertung dieser Frage als Grundlage genommen. Bei Fragen, die an Teilnehmer gerichtet sind, die MIV- oder ÖPNV-Nutzer sind, werden jeweils die Anzahl dieser als Gesamtheit zur Auswertung genommen. Dies gilt auch für weitere Untergruppen. Bei einer Nicht-Beantwortung einzelner Fragen wird entsprechend davon ausgegangen, dass diese absichtlich ausgelassen wurden. Es bleibt eine Restunsicherheit, ob dies tatsächlich die Absicht der Teilnehmer war.

Für jeden Umfrageteilnehmer wurde die Umsteigehäufigkeit für die Reise vom Wohnort zum Arbeitsplatz im Falle einer ÖPNV-Nutzung ermittelt. Diese wurde so bestimmt, dass einerseits eine möglichst kurze Verbindung gewählt wurde, die aber – wenn im Gesamtweg sinnvoll – möglichst wenig Fußweg beinhalten sollte. Hier wurde also ein verkehrlich sinnvoller, aber nicht unbedingt der real benutzte Weg zugrunde gelegt.

5.2 Die Begehung

5.2.1 Die Analyse der Standorte

In der Untersuchung der Standorte wird der Zustand und die Tauglichkeit verschiedener Bahnhöfe für die Nutzung von P&R untersucht. Für jeden Bahnhof und Standort einer möglichen P&R- bzw. B&R-Anlage ist es notwendig eine Situationsanalyse, eine grobe Einordnung des Standortes nach Bedarfsgröße und eine Erhebung von Daten und daraus das Erstellen einer Prognose für den tatsächlichen Bedarf durchzuführen, bevor ein Ausbau der P&R- und B&R-Flächen anvisiert werden kann. Eine solche Situationsanalyse wird nach SCHMITT & SCHULZ durch Ortsbegehungen, den Kontakt mit Gemeindevertretern und Bahnhofspersonal im ersten Schritt, die Sichtung der abgestellten PKW zur Abschätzung der Größenordnung im zweiten Schritt, sowie eine erste Grobanalyse der Ein- und Aussteiger durch eigene Zählung oder Angaben der Betreiber durchgeführt (SCHMITT & SCHULZ 2001:7). Eine derartige Analyse für eine große Anzahl an Bahnhöfen im Detail durchzuführen, würde den Rahmen dieser Arbeit bei weitem sprengen. Andererseits ist als Grundlage für den Aufbau eines dezentralen P&R-Systems die Betrachtung vieler Anlagen notwendig. Daher wird in dieser Arbeit eine Situationsanalyse in Anlehnung an SCHMITT & SCHULZ in einer stark vereinfachten Form nach verschiedenen Bewertungskriterien durchgeführt, die im Folgenden erläutert werden.

In Jena wurden alle Bahnhöfe betrachtet. Weiterhin wurden auf der Saaletalstrecke alle Bahnhöfe von Camburg bis Kahla untersucht, auf der Holzlandbahn alle Bahnhöfe von Oberweimar bis Hermsdorf-Klosterlausnitz. Parkplätze von Bahnhöfen in anderen zentralen Orten neben Jena wie Weimar, Erfurt oder Gera, die gut mit dem ÖPNV zu erreichen sind, werden nicht untersucht. Jena bildet als Fokalpunkt der Untersuchung dabei eine beispielhafte Ausnahme.

5.2.2 Indexbildung in der Bewertung von Bahnhöfen

Die Bahnhöfe werden nach den folgenden Bewertungskriterien beurteilt, die in Abschnitt 5.2.3 näher erläutert sind:

- Verfügbarkeit von Parkplätzen (Suffizienz).
- Entfernung vom Parkplatz zum Bahnhof, bzw. zum nächsten Gleis in Hauptlastrichtung
- Entfernung vom Parkplatz zum Bahnhof, bzw. zum nächsten Gleis in Nebenlastrichtung
- Art des Gleiszugangs
- Kostenpflichtigkeit der Parkplätze
- Qualität der Parkplätze
- Weitere Parkmöglichkeiten in der Nähe

Den einzelnen Bewertungskriterien werden Gewichte zugewiesen. Dabei erhält die Suffizienz der vorhandenen Parkplätze, bzw. die Verfügbarkeit von Parkplätzen den höchsten Rang der Gewichtung, denn die Verfügbarkeit von Parkplätzen ist die elementare Grundlage für die Möglichkeit der P&R-Nutzung. Entfernungen vom Parkplatz zum Bahnhof, bzw. zum nächsten

Kriterium	Rang	Gewicht	Prozent
Verfügbarkeit von Parkplätzen (Suffizienz)	1	9	20,5
Entfernung vom Parkplatz zum Bahnhof, bzw. zum nächsten Gleis in Hauptlastrichtung	2	7,5	17,0
Entfernung vom Parkplatz zum Bahnhof, bzw. zum nächsten Gleis in Nebenlastrichtung	3	7	15,9
Art des Gleiszugangs	4	6,5	14,8
Kostenpflichtigkeit der Parkplätze	5	6	13,6
Qualität der Parkplätze	6	5	11,4
Weitere Parkmöglichkeiten in der Nähe	7	3	6,8

Tab. 4: Rangfolge der Gewichtung der Bewertungskriterien in der Analyse der Bahnhofsstandorte. Die Spalte „Gewicht" bildet den Gewichtsvektor für die Bewertung

Gleis in Haupt- und Nebenlastrichtung entscheiden darüber, wie lange der Reisende auf dem Bahnhof zwingend unterwegs sein muss.

Die Begehung wird einmal nach Eindruck und einmal analytisch ausgewertet. Bei der Eindrucksbewertung werden die Bahnhöfe nach den obigen Bewertungskriterien grob begutachtet und in drei Qualitätsstufen eingeteilt. Bei der analytischen Begutachtung werden für jeden Bahnhof und jedes Kriterium ein Wert von 0 bis 5 festgelegt. Außerdem wird für jedes Kriterium ein Gewicht festgelegt, das seine Bedeutung reflektiert. Somit entsteht pro Bahnhof ein Bewertungsvektor und für die Begehung insgesamt ein Gewichtsvektor (Tab. 4). Beide Vektoren haben dieselbe Anzahl von Elementen. Das Skalarprodukt beider Vektoren bildet die Bewertungsgröße für den jeweiligen Bahnhof. Aufgrund der Bewertungen kann dann eine Rangfolge der Bahnhöfe gebildet und ein Vergleich vorgenommen werden. Wegen der besseren Vergleichbarkeit wird eine prozentuale Bewertung erstellt. Dabei werden die erreichten Punkte auf die erreichbaren Punkte bezogen.

5.2.3 Die Bewertungskriterien und ihre Anwendung

5.2.3.1 Suffizienz der vorhandenen Parkplätze

Dieses Kriterium dient der Beantwortung der Frage, ob ausreichend Parkplätze an einem Bahnhof vorhanden sind. Da die einzige erfassbare Größe die Anzahl der Autos auf den Parkplätzen ist und die Bewertung der Auslastung darauf basiert, lässt sich die Suffizienz nur unzureichend feststellen. Ein mögliches Maß ist der Anteil der im Tagesverlauf Höchstfall belegten Parkplätze. Kaum erfasst werden können z.B. Situationen, in denen der P&R-Platz wegen bekannter Unterkapazität gar nicht erst angefahren wird. Im Betrachtungsgebiet könnte das bei den Bahnhöfen Jena Paradies und Jena Saalbahnhof der Fall sein.

Die Verfügbarkeit von Parkplätzen kann zunächst einmal nur so eingeschätzt werden, dass die Zahl der vorhandenen Parkplätze mit der Zahl der Autos, durch die sie genutzt werden, verglichen wird. Wenn man sich auf diesen Wert allein nicht verlassen will, muss man darauf zurückgreifen, wie viele Menschen im Umfeld potenziell in eine andere Stadt pendeln würden.

Zunächst wird eine Freihaltequote festgelegt. Diese liegt bei 30 Prozent. D.h., wenn 30 Prozent der Parkplätze zu Spitzenzeiten frei bleiben, ist der Parkplatz ausreichend dimensioniert und wird bezüglich der Suffizienz mit fünf Punkten bewertet.

5.2.3.2 Distanzen zwischen Parkplätzen und Zugangsbereichen zu den Bahnfahrzeugen (bzw. Gleisen)

Zwischen den Parkplätzen am Bahnhof und den Gleisen muss eine gewisse Strecke zurückgelegt werden. Dabei gibt es Faktoren, die unüberbrückbar sind: Bei einem großen Parkplatz, der stark ausgelastet ist, wird es durch die Raumeinnahme der einzelnen Fahrzeuge zu Situationen kommen, in denen Nutzer des Parkplatzes, die nur einen Stellplatz im vom Gleis weit entfernten Bereich einnehmen konnten, deutlich weitere Strecken zurücklegen müssen, als hätten sie einen Stellplatz in der Nähe der Gleise erhalten. Da dieses Kriterium aber nicht durch die Änderung des Aufbaus der Parkplatzanlage beeinflusst werden kann, wird die Distanz immer ab dem Parkplatz mit der geringsten Distanz zum Gleis gemessen.

Für jeden Bahnhof werden zwei Werte erhoben: der Weg vom Parkplatz zum Gleis der morgendlichen Hauptlastrichtung und zum Gleis in Nebenlastrichtung. „Am Gleis" ist dabei die Position, die möglichst in einem Bereich ist, in dem die Züge halten. Für größere Bahnhöfe mit mehr als zwei Gleisen werden zwei Wege zu unterschiedlichen Bahnsteigen gemessen. Auch von diesem Bahnsteig wird die Mitte als Referenz angenommen. Die Hauptlastrichtung ist bei allen betrachteten Bahnhöfen die Strecke in die Jenaer Innenstadt. Die Hauptlastrichtung des Bahnhofes Jena-West ist in Richtung Erfurt. Die Hauptlastrichtung der Regionalzüge in Jena Paradies ist Richtung Saalfeld. Die Werte werden auf 5 Meter gerundet. Die Distanzen werden in sechs Klassen eingeteilt und entsprechend Tab. 5 bewertet.

Bewertung von m	bis < m	Punkte
0	60	5
60	120	4
120	160	3
160	220	2
220	270	1
270	10000	0

Tab. 5: Bewertung der Distanz zwischen Parkplatz und Zugzugang am Bahnsteig

5.2.3.3 Art des Bahnsteigzugangs

Die Art des Bahnsteigzugangs bestimmt, wie schnell von einem Gleis zum anderen gewechselt werden kann. Optimal ist der ebenerdige Direktzugang. Wegen der meist geringeren Höhe sind

Unterführungen Überführungen vorzuziehen. Aufzüge begünstigen vor allem B&R. Niveaugleiche Zugänge, bei denen der Weg zum Gleis durch geschlossene Schranken versperrt sein kann, sind zu vermeiden. In der Bewertung werden 4 Punkte an Gleiszugänge mit Unterführung vergeben, und 0 Punkte für niveaugleiche Zugänge. Ein Zusatzpunkt wird vergeben, wenn eine Aufzugsanlage vorhanden ist.

5.2.3.4 Kosten der Parkplatznutzung

Die Entgeltpflicht für die Parkplatznutzung an Bahnhöfen ist individuell geregelt. Für die Nutzer von P&R sind Parkgebühren immer ein negativer Faktor, wenn durch den Parkplatz kein Mehrwert geboten wird. Ein Modell, in dem sich ein Mehrwert finden ließe, wäre es, bei einem ausreichend großen Parkplatz eine kleine Anzahl an Parkplätzen unmittelbar im Zugangsbereich zu den Gleisen kostenpflichtig anzubieten.

Bei der Frage, ob Parkplätze kostenpflichtig sind oder nicht, könnte man noch verschiedene Preisstufen beachten. Allerdings muss auch der Aufwand berücksichtigt werden, der dadurch verursacht wird, dass am Bahnhof zunächst ein Parkschein gekauft werden muss. Demnach wird das Kriterium „Kostenpflichtigkeit der Parkplätze" binär bewertet, es werden also entweder die volle Anzahl an Punkten vergeben oder keine.

5.2.3.5 Qualität der Parkplätze

An den Standorten wurden die Qualität, Lage und baulichen Merkmale von Parkplätzen erfasst. Die Parkplätze werden dabei umso besser bewertet, je deutlicher sie von anderen Infrastruktureinrichtungen abgrenzbar und je leichter sie zugänglich sind (s. Tab. 6).

Befestigte Parkplätze	5
Parkplätze neben einer Nebenstraße / Sackgasse	4
Parkplätze am Rand einer Nebenstraße / Sackgasse	3
Parkplätze neben einer Durchgangsstraße	3
Unbefestigte Parkplätze	2
Parkplätze am Rand einer Durchgangsstraße	1

Tab. 6: Bauliche Merkmale zur Bestimmung der Qualität von Parkplätzen.

5.2.3.6 Kapazitäten im näheren Umfeld

Hier wird untersucht, ob es weitere Parkmöglichkeiten im Sichtbereich des Bahnhofs gibt. An vielen Bahnhöfen finden sich neben den direkt am Bahnhof befindlichen Parkplätzen weitere Parkmöglichkeiten in unmittelbarer Nähe, z.B. an breiten Straßen ohne Parkverbote. Andere Bahnhöfe liegen inmitten von dicht bebauten Stadtgebieten, bieten nur unzureichend Parkplätze und lassen eine Nutzung der Straßen zum Parken nur bedingt zu.

5.3 Die Reisekettenanalyse

Mit den Ergebnissen der Umfrage und der Besichtigung im Hintergrund werden einige Reiseketten analysiert. Dabei werden teils zufällige Datensätze und teils Routen, die interessante Ergebnisse versprechen, ausgewählt und der Weg vom Quell- zum Zielort aufgestellt.

Für die Analyse wird der Fahrtweg für den MIV und/oder den ÖPNV tabellarisch aufgeschlüsselt. Dazu werden Besonderheiten vermerkt, wie abweichende Reisezeiten zur Hauptverkehrszeit, oder Hindernisse durch schlechte Anschlüsse oder mangelnde infrastrukturelle Voraussetzungen. Auf diese Weise lässt sich feststellen, an welcher Position in der Reisekette Probleme auftreten.

Im Einzelnen werden auf der ÖPNV-Route untersucht

- wie lange die Gesamtfahrzeit ist,
- wie oft umgestiegen werden muss,
- wie lange die Wartezeiten beim Umsteigen sind und
- wie lange Fahrt- und Fußwege im Vergleich zur MIV-Route sind.

Diese Daten werden ggf. auch für P&R- und B&R-Nutzer erhoben.

Für die Untersuchungen mit realen Verkehrsdaten wurde Google Maps (GOOGLE INC. 2018) zu Hilfe genommen. Als Fahrtzeit wurde der Bereich um 7:00 Uhr an einem Werktag gewählt. Die einfache Fahrt vom Wohnort zum Zielort wurde in die Suchmaske eingegeben und ausgewählte Eckpunkte der Strecke mit den entsprechenden Fahrzeiten in eine Tabelle übertragen.

Für die Reise mit dem ÖPNV wurde auf die Online-Reiseauskunft der Deutschen Bahn (DEUTSCHE BAHN AG 2018) zurückgegriffen, auf der Reisedaten für fast alle Betreiber öffentlicher Verkehrsmittel in Deutschland einsehbar sind. Diese beinhalten die Aufschlüsselung der Fahrt vom Start- zum Zielort mit Angaben zu den verwendeten Verkehrsmitteln (den „Produkten"), den Reisezeiten und den Umsteigezeiten. Dabei ist es möglich, Haltestellen auszuwählen, oder Reisedaten zwischen zwei Adressen abzufragen. Die Distanz zwischen der angegebenen Adresse und der nächsten Haltestelle wird als Fußweg im Zeitmaß angegeben. Darüber hinaus kann für Berechnung dieser Zeit auch die Nutzung des PKW und des Fahrrades ausgewählt werden.

Für die Analyse der Reiseketten werden die entstehenden Kosten auf das Jahr gerechnet. Dabei wird von einem Zurücklegen der Strecke als Pendler an 220 Tagen im Jahr ausgegangen. Die Kosten pro Kilometer werden mit 0,30 € angesetzt. Das ist der Satz, den das Finanzamt für Dienstreisen zu Grunde legt. Für eine Diskussion mit den MIV-Nutzers scheint mir dieser Satz zunächst tauglicher als die Vollkosten. Diese sind in der Regel wesentlich höher.

Zur Gegenüberstellung mit den Preisen des ÖPNV wird das VMT-Abo „Solo" als Grundlage genommen. Dieses Ticket ist für einen Monat gültig und kann ab einer Gesamtabodauer von vier Monaten gebucht werden.

Für Strecken, die nicht vollständig im VMT liegen, wird die persönliche Monatskarte der Deutschen Bahn in Form eines Abonnements mit monatlichem Zahlungsintervall als Referenz verwendet. Diese Monatskarte bietet zusätzlich zur Fahrt zum Arbeitsplatz einen Mehrwert indem sie eine Bahncard 25 (Wert allein 62 EUR) beinhaltet und am Samstag zur Mitnahme eines Partners und dreier Kinder berechtigt.

6. Ergebnisse

6.1 Ergebnisse der Umfrage

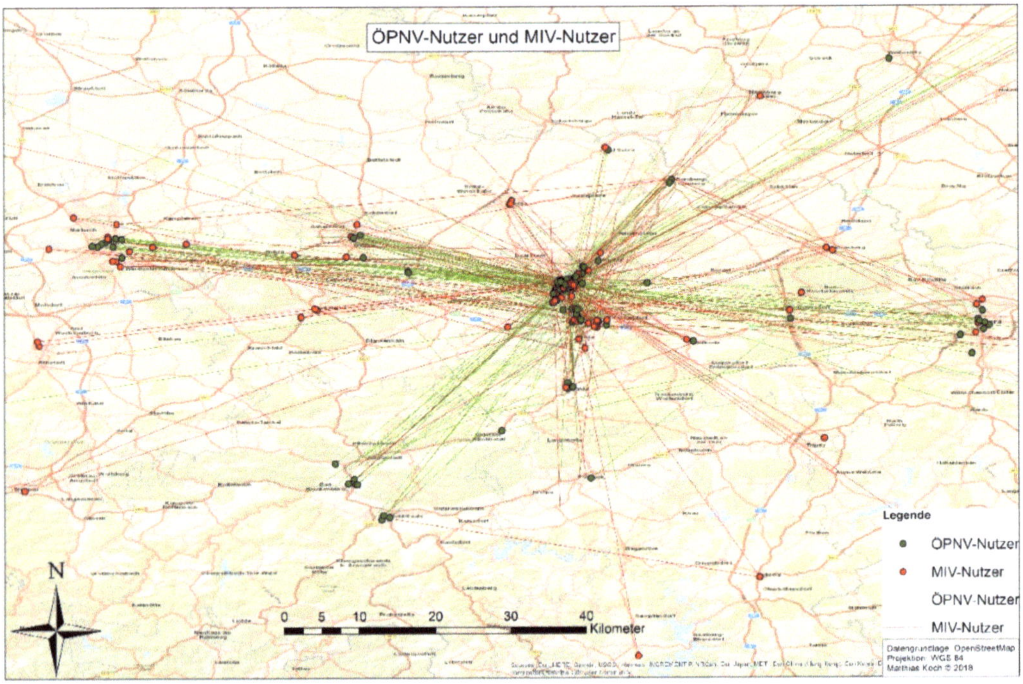

Abb. 14: ÖPNV-Nutzer und MIV-Nutzer - Die Punkte geben jeweils den Standort der Arbeitsplätze an.

Zunächst wurde die Auswertung so durchgeführt, dass alle Fragen, die die Pendler, die den öffentlichen Nahverkehr nutzen, angehen, mit dem Anteil der Nutzer berechnet wurden, die in der 3. Frage angegeben hatten, sie seien Nutzer des öffentlichen Nahverkehrs. Entsprechend gilt das für Autofahrer und Nicht- Nutzer des öffentlichen Nahverkehrs. Zudem werden Kommentare der Nutzer aggregiert und ermittelt, welche Themen mehrfach erwähnt wurden. An der Umfrage nahmen insgesamt 338 Pendler teil, davon 145 MIV-Nutzer und 193 ÖPNV-Nutzer. Dies entspricht Anteilen von 57% ÖPNV-Nutzern und 43% MIV-Nutzern.

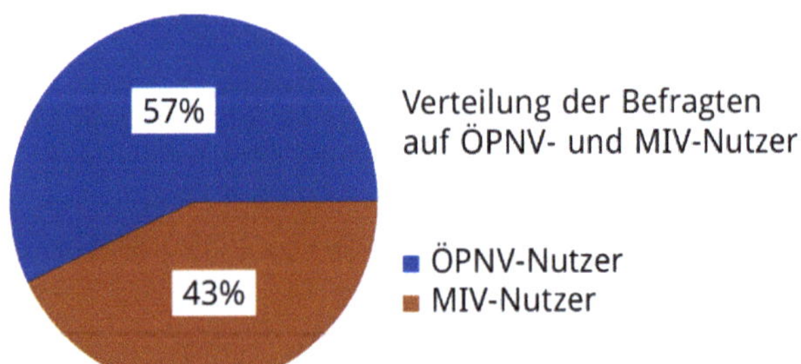

Abb. 15: Anteile der MIV- und ÖPNV-Nutzer.

6.1.1 Ergebnisse der Fragen an MIV-Nutzer

Autofahrer wurden gefragt, warum sie den ÖPNV nicht nutzen (s. Abb. 16).

68 Prozent der befragten Autofahrer geben mehr Flexibilität mit dem Auto an. 16 Teilnehmer haben die Flexibilität, die ein Auto bietet, nochmals in den Kommentaren zur Umfrage herausgestellt.

51 Prozent geben längere Fahrtzeiten mit dem ÖPNV als Grund an, gefolgt von höheren Kosten, die für

33 Prozent der Autofahrer ein Grund sind, auf die Nutzung des ÖPNV zu verzichten. Die Kostenfrage hat auch in der Umfrage des ADAC, wie in Abschnitt 2.4.1 dargestellt, eine ganz erhebliche Bedeutung. Zusätzlich zu den Ergebnissen zu dieser Frage bemängelten zehn Teilnehmer der Umfrage die hohen Preise für den ÖPNV in den Kommentaren. Andererseits sehen auch die ÖPNV-Nutzer einen Kostenvorteil für sich. Dieser Widerspruch wird in Abschnitt 6.1.5.4 näher untersucht.

25 Prozent der Befragten schätzen Ruhe und Zurückgezogenheit im Auto,

23 Prozent geben an, sie müssten bei Nutzung des ÖPNV überhaupt auf ihrem Arbeitsweg zu oft umsteigen.

20 Prozent geben an, sie seien mit der derzeitigen Situation zufrieden.

15 Prozent geben weniger Komfort in Bus oder Bahn als Grund an,

14 Prozent geben als einen Grund für die Autonutzung gegenüber dem ÖPNV an, dass kein Bahnhof oder Haltestelle in der Nähe des Arbeitsplatzes sei.

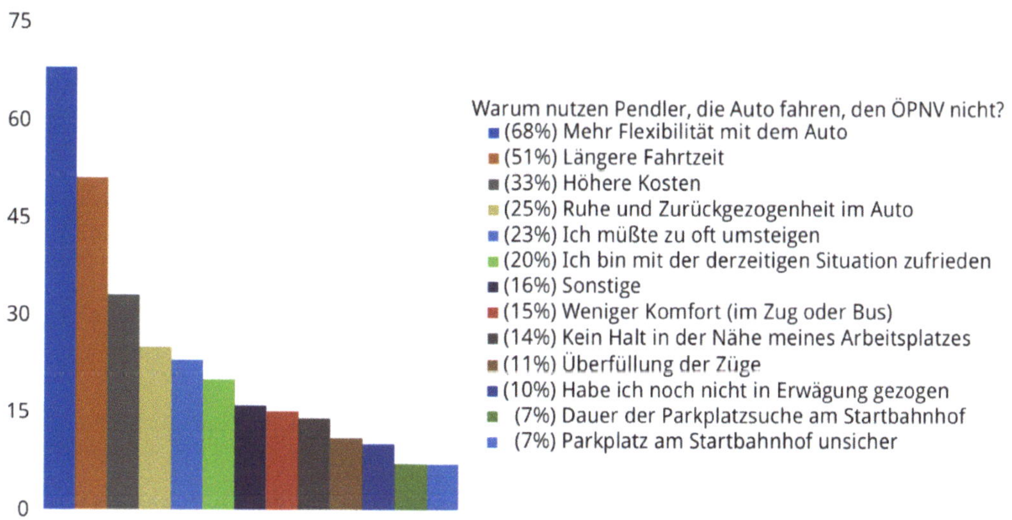

Abb. 16: Gründe für die Nichtnutzung des ÖPNV durch MIV-Nutzer (Frage 7)

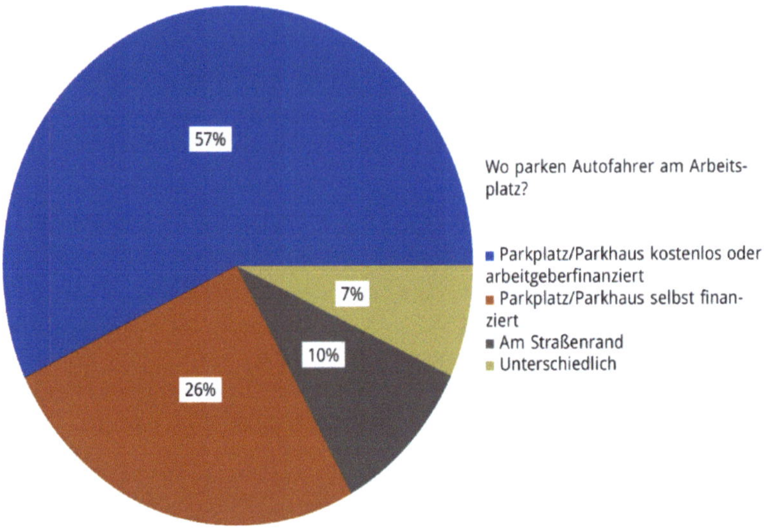

Abb. 17: Parkplatznutzung am Arbeitsplatz der MIV-Nutzer (Frage 8)

11 Prozent geben die Überfüllung der Züge an.

10 Prozent geben an, die Nutzung des ÖPNVs noch nicht in Erwägung gezogen zu haben,

jeweils sieben Prozent geben an, die Dauer der Parkplatzsuche am Startbahnhof und die Unsicherheit, am Startbahnhof einen freien Parkplatz zu erhalten, würde sie (u.a.) abschrecken. Auf das Thema Parkraumsuffizienz wurde in Abschnitt 5.2.3.1 näher eingegangen.

Am Arbeitsplatz parken 57 Prozent der Autofahrer kostenlos oder arbeitgeberfinanziert auf Parkplätzen oder in Parkhäusern. 26 Prozent der Autofahrer finanziert das Parken auf Parkplätzen oder im Parkhaus selbst, 10 Prozent parken am Straßenrand und sieben Prozent nutzen mehrere der vorher genannten Abstellmöglichkeiten (Abb. 17).

6.1.2 Ergebnisse der Fragen an ÖPNV-Nutzer

27 Prozent der ÖPNV-Nutzer (52 von 193 ÖPNV-Nutzern aus der Umfrage) nutzen regelmäßig P&R oder B&R (Frage 4).

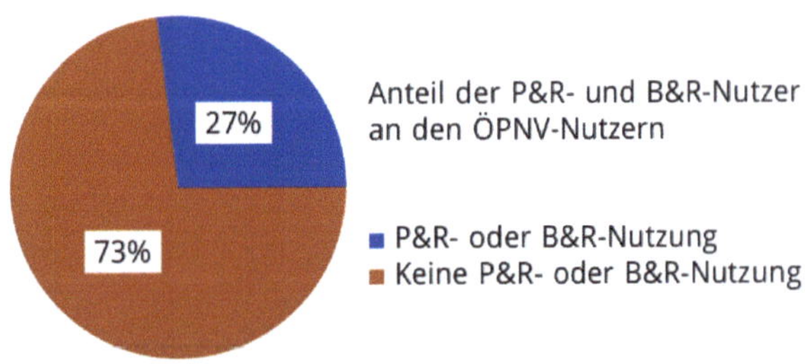

Abb. 18: P&R- und B&R-Anteil an den ÖPNV-Nutzern (Frage 4)

Weit über die Hälfte der ÖPNV-Nutzer (59 Prozent) erreichen den Bahnhof oder die erste Haltestelle zu Fuß. 14 Prozent legen das erste Stück der Reisekette mit dem Auto zurück, 13 Prozent mit dem Fahrrad, 5 Prozent nutzen entweder Auto oder Fahrrad, 4 Prozent werden gebracht, 3 Prozent fahren mit dem Fahrrad oder gehen zu Fuß. Weitere 2 Prozent machen keine

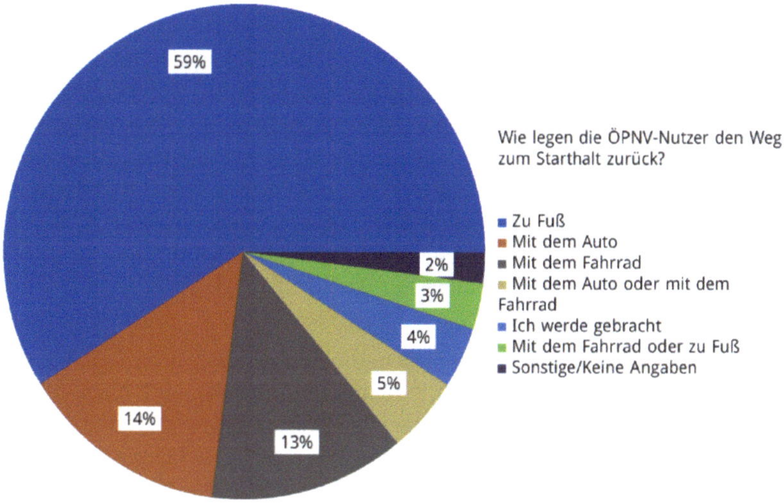

Abb. 19: Wie legen die ÖPNV-Nutzer den Weg zu Startbahnhof oder -haltestelle zurück? (Frage 5)

Angaben. Die ÖPNV-Nutzer benötigen durchschnittlich 9 min für den Weg von ihrem Wohnort zur Starthaltestelle oder dem Startbahnhof.

Als Gründe, warum sie den ÖPNV nutzen, gaben 41 Prozent der ÖPNV-Nutzer an, die Fahrtzeit sei für sie besser nutzbar. 38 Prozent geben Kostenersparnis als Grund an. 34 Prozent sparen durch die Nutzung des ÖPNV Zeit ein. 31 Prozent geben an, dass sie kein Auto haben, 29 Prozent empfinden die Nutzung des ÖPNV als komfortabler als die Nutzung des Autos.

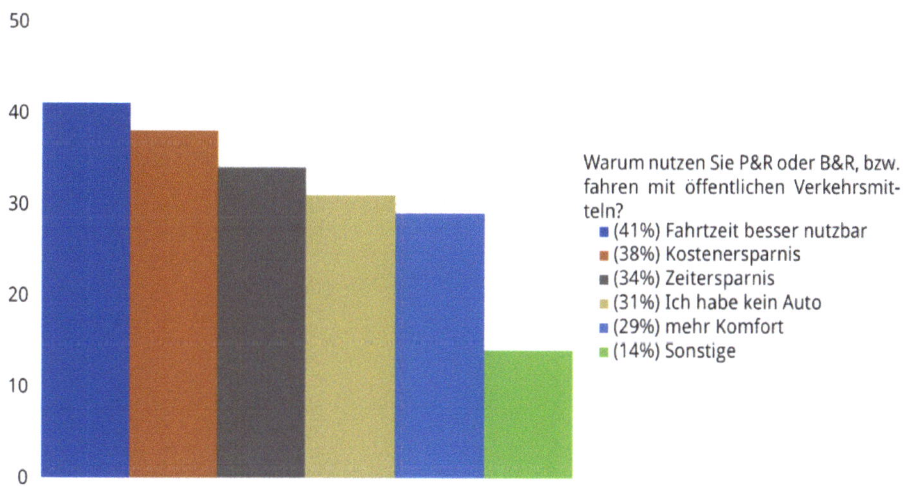

Abb. 20: Gründe für die Nutzung des ÖPNV (Frage 9)

Personen, die mit dem Fahrrad zum Startbahnhof oder der Starthaltestelle fahren, wurden gefragt, ob sie ihr Fahrrad im Zug mitnehmen. Von den 21 Teilnehmern dieser Frage nehmen 41 Prozent (neun Personen) das Fahrrad im Zug nicht mit, während es 59 Prozent (13 Personen) auf der Fahrt mitnimmt. 55 Prozent der Fahrradfahrer halten das Abstellen des Fahrrades am Startbahnhof oder der Starthaltestelle für zu unsicher. 12 Prozent geben an, keine Abstellmöglichkeiten am Bahnhof vorzufinden. Drei der fünf Personen, die angegeben haben, dass es an ihrer Haltestelle keine Abstellmöglichkeiten gäbe, machten auch Angaben zu der Haltestelle, an der sie losfahren. Dies sind Kahla, Jena-Göschwitz und Rudolstadt-Schwarza. Für Kahla und Jena-Göschwitz trifft dies Behauptung nicht zu. Rudolstadt-Schwarza liegt außerhalb des Untersuchungsgebiets.

Jeweils 45 Prozent der ÖPNV-Nutzer bemängeln die Überfüllung der Züge, Verspätungen und Zugausfälle. Dazu stellten zehn Teilnehmer in den Kommentaren zur Umfrage die Überfüllung der Züge negativ heraus. 28 Prozent wären mehr Flexibilität oder Stauraum wie bei Nutzung des Autos wichtig. 26 Prozent geben die im Vergleich zum MIV längeren Fahrzeiten mit Zug oder Bus an. 16 Prozent bemängeln häufiges Umsteigen. 15 Prozent der ÖPNV-Nutzer haben keine negativen Erfahrungen mit den genannten Punkten. 14 Prozent bemängeln das Fehlen eines Bahnhofes oder einer Haltestelle in der Nähe ihres Arbeitsplatzes.

Ein Teilnehmer, der am Haltepunkt „Neue Schenke“ zusteigt, bemängelt die niedrige Taktung. Mehrfach wurden schlechte Anschlussabstimmung von Bussen mit Zügen bemängelt. Einmal wurde geäußert, dass dies zu DDR-Zeiten besser funktionierte. Insgesamt haben vier Personen in den Kommentaren zur Umfrage angemerkt, dass die Verkehrsbetriebe ihre Anschlüsse untereinander schlecht abstimmen würden. Ein von einem ÖPNV-Nutzer zu erreichender Bus fährt z.B. bereits kurz vor Ankunft des Fahrgastes am Zielbahnhof ab. Drei Teilnehmer haben noch einmal als Kommentar angemerkt, dass ihnen das Abschließen des Fahrrades am Bahnhof zu riskant sei.

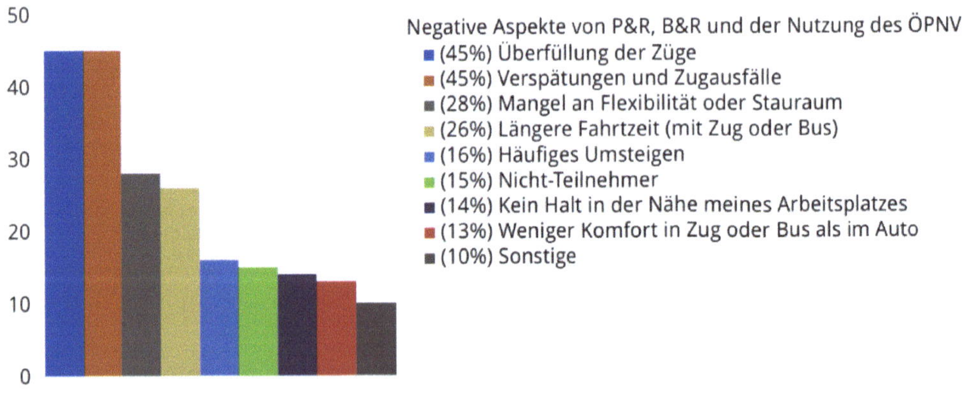

Abb. 21: Angaben der ÖPNV-Nutzer zu negativen Aspekten der P&R und B&R-Nutzung, sowie des ÖPNV (Frage 18).

55 Prozent der ÖPNV-Nutzer, die mit dem Fahrrad zum Bahnhof fahren, geben an, das Abstellen des Fahrrades am Startbahnhof oder der Starthaltestelle sei zu unsicher. 88 Prozent der Fahrradfahrer geben an, es seien an ihrer Haltestelle ausreichend Abstellmöglichkeiten vorhanden. Sechs Teilnehmer merkten als Kommentar die Überfüllung der Abstellplätze für Fahrräder in Zügen an.

61 Prozent der P&R-Nutzer sind sich zuhause nicht sicher, ob sie am Startbahnhof einen freien Parkplatz erhalten werden.

Sowohl ÖPNV-Nutzer, die nicht bereits P&R oder B&R nutzen, als auch MIV-Nutzer wurden gefragt, ob sie P&R oder B&R schon einmal ausprobiert haben. 73 Prozent der Teilnehmer gaben an, sie hätten P&R oder B&R noch nicht ausprobiert, 27 Prozent gaben an, P&R oder B&R schon einmal ausprobiert zu haben. Von den ÖPNV-Nutzern haben 78 Prozent P&R oder B&R noch nicht ausprobiert, während 22 Prozent schon einmal mit dem Auto zum Bahnhof gefahren sind, oder ihr Fahrrad am Bahnhof abgestellt haben. Von den MIV-Nutzern haben 65 Prozent P&R oder B&R noch nicht ausprobiert (s.a.Tab. 7).

	P&R/B&R-Erfahrung	Keine P&R/B&R-Erfahrung
ÖPNV	22%	78%
MIV	35%	65%
Gesamt	28%	72%

Tab. 7: Wer hat P&R oder B&R schon einmal ausprobiert?

6.1.3 Weitere Analysen

Es wurden zwei verschiedene Zeitmaße zusätzlich erhoben. Für jeden erhobenen Datensatz wurde bei Google Maps (GOOGLE INC. 2018) die Dauer der Fahrt vom Wohnort zum Arbeitsort erfasst. Darüber hinaus wurden die Fahrtzeiten für alle Paare von Wohn- und Arbeitsplätzen mithilfe der digitalen Reiseauskunft der Bahn abgefragt. Dazu wurden die Umsteigehäufigkeiten für alle Datensätze (auch für die MIV-Nutzer) erhoben. Außerdem wurde die Dauer der Fußwege vom Wohnort zur jeweils ersten Haltestelle und von der Haltestelle in der Nähe des Arbeitsplatzes zum Arbeitsplatz aufgenommen.

Die Ergebnisse zeigen, dass ÖPNV-Nutzer durchschnittlich 1,09-mal umsteigen müssen. Wenn die befragten MIV-Nutzer auf ÖPNV umsteigen würden, wäre es 1,11-mal. Die Dauer für das Zurücklegen der Fußwege im Fall der Nutzung des ÖPNV war durchschnittlich 14,9 min, für MIV-Nutzer wären es nur 12,7 min gewesen. Hier wurde für MIV-Nutzer ein höherer Wert erwartet, da von einer höheren Anzahl an Personen aus abgelegenen Orten abseits des Zugangs zum ÖPNV ausgegangen wurde. So ergäbe sich bei den ÖPNV-Nutzern, die mit dem Auto zur Arbeit fahren, ein Fußweg von 14,1 min, was sogar etwas weniger ist als die Wege der Personen, die nur zu Fuß gehen (14,3 min). Fahrradfahrer legen mit einem Fußwegäquivalent von 18,0 min den längsten Weg zurück.

Laut den Daten, die durch Abfragen in Google-Maps erlangt wurden, ergibt sich für die durchschnittliche Distanz, die ÖPNV-Nutzer in einer Richtung zurücklegen, ein Mittelwert von 34,5 km. Die MIV-Nutzer legen durchschnittlich 32,1 km zurück. Die ÖPNV-Nutzer hätten eine durchschnittliche Fahrzeit von 38,7 Min, die MIV-Nutzer sind durchschnittlich 33,4 min unterwegs. Die Durchschnittsgeschwindigkeit beträgt bei den ÖPNV-Nutzern 53,5 km/h und bei den MIV-Nutzern 57,5 km/h.

Bei Verwendung der Zeitdaten der Reiseauskunft der Bahn in Verbindung mit den Distanzdaten von Google Maps ergibt sich für die ÖPNV-Pendler eine durchschnittliche Reisegeschwindigkeit von 34 km/h. MIV-Pendler erreichen eine durchschnittliche Reisegeschwindigkeit von 30,7 km/h. Bei der Berechnung dieser Werte wurden die Fußwege zwischen Wohnung/Arbeitsplatz und Bahnhof/Haltestelle zugrunde gelegt. Personen, die mit dem Auto oder dem Fahrrad zum und/oder vom Zug oder Bus gefahren sind, erreichen höhere Durchschnittsgeschwindigkeiten.

Nutzer	Ø Distanz (km)	Ø Zeit (min)	Ø Geschw. (km/h)[3]	Ø Geschw. km/h)[4]
ÖPNV	34,5	38,7	53,5	34
MIV	32,1	33,4	57,6	30,7

Tab. 8: Durchschnittsangaben zu Distanzen, Zeiten und Geschwindigkeiten

6.1.4 Kommentare zur Umfrage

In den Kommentaren zu einzelnen Fragen, zum Pendlerweg und zur gesamten Umfrage wurden einige Themen mehrfach erwähnt. Auf diese wird hier näher eingegangen. Drei Teilnehmer stören lange Umsteigezeiten im ÖPNV besonders. Drei Teilnehmer bemängeln unregelmäßige Fahrtintervalle (Krüppeltakte). Damit ist gemeint, dass an einem Bahnhof bspw. zwei Züge kurz hintereinander abfahren und danach für längere Zeit kein Zug mehr verkehrt. Sieben Personen merkten längere Fahrzeiten als mit dem Auto an. Bei befragten Nutzern der Strecke zwischen Jena und Erfurt wurde vermehrt angemerkt, dass Überfüllung der Züge für sie ein negativer Aspekt der Strecke zwischen Jena und Erfurt ist. Auf der Saaletalstrecke wurden weniger ähnliche Beschwerden abgegeben. Auf der Karte „Überfüllung der Züge (Frage 18)“ (im Anhang) in Verbindung mit der Referenzkarte[5] wird dieser Zusammenhang deutlich.

6.1.5 Weiterführende Besprechung der Ergebnisse der Umfrage

6.1.5.1 P&R-Nutzer, Parkplätze und Parkplatzqualität

Die befragten P&R-Nutzer stiegen lediglich in Camburg, Jena-Göschwitz, Kahla, Stadtroda, Rudolstadt, Saalfeld, Pößneck und Ronneburg zu. Ein Grund dafür, dass andere Nennungen fehlen, könnte die Größe der Stichprobe sein. Es fällt jedoch auf, dass kein Bahnhof genannt

[3] Google-Maps-Distanzen/Google-Maps-Zeiten

[4] Google-Maps-Distanzen/DB-Fahrtzeiten

[5] Karte im Anhang: „Distanzen zwischen Wohnorten und Arbeitsplätzen der Berufspendler"

wird, der äußerst schlecht mit Parkplätzen ausgestattet ist wie beispielsweise Dornburg, oder Jena-Zwätzen.

6.1.5.2 Komfortempfinden im ÖPNV

Während 15 Prozent der PKW-Fahrer die Fahrt mit Bahn oder Bus als weniger komfortabel empfinden, nehmen 29 Prozent der Nutzer des ÖPNV die Fahrt in Bus oder Bahn als angenehmer wahr. Allerdings geben auch 13 Prozent der Nutzer des ÖPNV an, dass sie im ÖPNV weniger Komfort haben als bei der Nutzung des Autos.

6.1.5.3 Fahrradmitnahme

Im Gegensatz zu vielen anderen Regionen in Deutschland erlauben die Eisenbahnunternehmen in Thüringen im Regionalverkehr die kostenlose Mitnahme von Fahrrädern. Dies ist auch ein Grund, warum viele Pendler ihr Fahrrad zum Zielort mitnehmen und nicht am Startbahnhof abstellen. Dieses Vorgehen erspart das Vorhalten von zwei Fahrrädern und das Abstellen an zwei Bahnhöfen. Allerdings kommt es dadurch auch zu Problemen. Beim Aussteigen müssen Personen, die Fahrräder mitnehmen, ihr gelagertes Fahrrad aufnehmen, um anderen Fahrgästen die Mitnahme ihres Fahrrades zu ermöglichen. Daher schrieb ein Teilnehmer, dass es eine Möglichkeit geben sollte, Fahrräder entsprechend der Bahnhöfe der Route gestaffelt zu lagern, damit Personen, die früher aussteigen schneller und ohne Belästigung anderer Fahrradhalter ihr Fahrrad aufnehmen können. Ein weiterer Teilnehmer schreibt, dass die Bereiche zur Aufbewahrung von Fahrrädern generell überfüllt seien.

6.1.5.4 Wahrnehmung der Kosten des ÖPNV

33 Prozent der MIV-Nutzer gaben an, die Nutzung von öffentlichen Verkehrsmitteln und P&R würde höhere Kosten als die reine MIV-Nutzung verursachen. Dagegen geben 38 Prozent der ÖPNV-Nutzer Kostenersparnisse als Grund für die ÖPNV-Nutzung an. Fraglich ist, wie diese unterschiedlichen Aussagen begründet sind. Zum einen ist die Lebenssituation der Menschen zugrunde zu legen. So sparen Personen, die kein Auto unterhalten, möglicherweise Geld. Personen, die mit anderen gemeinsam fahren, sparen zwar Geld, verlieren jedoch die Flexibilität, die das Auto auszeichnet. 27 Prozent der MIV-Nutzer nennen in der Umfrage gleichzeitig höhere Kosten für den ÖPNV und Flexibilität als Grund für dessen Nutzung.

32 Prozent der ÖPNV-Nutzer, die kein Auto haben, geben Kostenersparnis als Grund für die Nutzung des ÖPNV an, während sogar 40 Prozent der ÖPNV-Nutzer, die ein Auto haben, Kostenersparnis als Grund für die ÖPNV-Nutzung nennen. Da es nicht möglich ist, mit dem Auto gleichzeitig voll flexibel zu sein und Kosten zu sparen (s.a. die beispielhaften Kostenrechnungen der Reisekettenanalyse in Abschnitt 0), liegt hier ein Informationsdefizit vor.

6.1.5.5 Vermeidung von Überfüllung der Züge

Überfüllung von Verkehrsmitteln des ÖPNV wird von 45 Prozent der ÖPNV-Nutzer als negativer Aspekt des ÖPNV empfunden. 11 Prozent der MIV-Nutzer geben Überfüllung der Züge als Grund für die Nichtnutzung des ÖPNV an. Dazu gaben vier Teilnehmer in Kommentaren an, überfüllte öffentliche Verkehrsmittel, insbesondere die Notwendigkeit des Stehens, würde sie stören, oder von der Nutzung des ÖPNV abschrecken.

Die annähernde Gleichzeitigkeit der Arbeitszeiten und damit der Pendelzeiten führt oft zur starken Auslastung und der Überlastung von Zügen, sodass für einige Pendler kein Sitzplatz mehr vorhanden ist und beim Ein- oder Aussteigen Gedränge entsteht. (FEHR et al. 2016) stellen fest, dass hohe Auslastung im ÖPNV, sowie auf der Straße hohe psychologische Kosten mit sich bringt. Des Weiteren fallen Produktivitätsdefizite mit möglichen volkswirtschaftlichen Folgen an: Wer im öffentlichen Verkehrsmittel keinen Sitzplatz findet, kann auch keiner produktiven Tätigkeit nachgehen (FEHR et al. 2016:10) und muss damit auf einen erheblichen Vorteil der ÖPNV-Nutzung verzichten. Andererseits ist es für die Eisenbahnverkehrsunternehmen wirtschaftlich vorteilhaft, im Verlauf des Tages möglichst gleichmäßige Transportkapazitäten bereitzustellen.

Um die Nutzung der Ressourcen in den Stoßzeiten über einen längeren Zeitraum zu verteilen und damit Lastspitzen abzubauen, gibt es verschiedene Steuerungsinstrumente.

In Atlanta wird Personen, die auf einer bestimmten, oft überlasteten Strecke den Bus nehmen, ein Guthaben an Mautgebühren gutgeschrieben (MONDON 2015). Von 2013 bis Ende 2017 wurde in Singapur kostenloser öffentlicher Nahverkehr für Reisende angeboten, die vor 7:45 an ihrer Zielhaltestelle ankommen (LAND TRANSPORT AUTHORITY 2015, 2015, CHOO 2017). Ab 2018 werden in einem breiteren Zeitfenster Ermäßigungen für Pendler vor der Hauptverkehrszeit gewährt. Eine Studie für die Schweiz kommt auf Einsparungspotenziale von 140 Mio. Franken (etwa 120 Mio. Euro) (ECOPLAN 2015:28), wenn eine große Anzahl von Pendlern einen breiteren Zeitraum für die Fahrt zum Arbeitsplatz nutzt.

6.1.6 Geringe Taktung und geringe Nachfrage im Zirkelschluss

Die Kommentare zur Umfrage zeigen, dass einige Pendler aus kleineren Orten den ÖPNV nicht nutzen, da die Taktung zu niedrig ist und wenn vorhanden, die Umsteigezeiten zu hoch sind. So beschwerten sich zehn Teilnehmer in der Umfrage über die geringe Taktung am Wohn- oder Arbeitsort. Auch wenn der Bedarf in ländlichen Regionen geringer ist, gibt es Personen, die auf das Angebot des ÖPNV zurückgreifen würden. Die Verkehrsbetriebe haben, wie bereits in Abschnitt 7.1.5 beschrieben, durch gering ausgelastete Busse höhere Kosten und weniger Einnahmen und verlegen den Fokus auf andere Schwerpunkte als wenig frequentierte Verbindungen in ländliche Regionen. Der Teufelskreis setzt sich wie in Abb. 22 gezeigt fort. Das Schweizer Linienbusunternehmen PostAuto gab eine Studie bei der EPFL Lausanne in Auftrag, die die Fahrgastzahlen zwischen 2007 und 2010 unter anderem auf die Effekte von Taktverdichtung hin analysierte. Das Ergebnis war, dass auf Linien mit unter 10 Kursen mit einem zusätzlichen Kurs durchschnittlich 12 zusätzliche Fahrgäste gewinnen lassen (DIE SCHWEIZERISCHE POST o.J.:2). Ein Erklärungsansatz dazu wäre, dass im Einzugsgebiet lebende Personen bei einer Taktverdichtung beginnen, den ÖPNV als Alternative zu sehen und dann öfter auf das Angebot zurückgreifen. Der „Teufelskreis“ kehrt sich um.

Abb. 22: „Teufelskreis" des ÖPNV in ländlichen Gebieten

6.2 Ergebnisse der Begehung

6.2.1 Suffizienz der vorhandenen Parkplätze

Von den untersuchten Bahnhöfen war vor allem Jena-Paradies mit seiner zentralen Lage mit Parkplätzen unterversorgt. Aber auch der Bahnhof Dornburg weist nur eine geringe Zahl an Parkplätzen auf. In der Auswertung erhalten jedoch alle Bahnhöfe bis auf Jena-Göschwitz, Jena Paradies und Jena Saalbahnhof die Höchstwertung von 5 Punkten.

Kennung	Parkplatztypen
1	Befestigte Parkplätze
2	Parkplätze neben einer Straße
3	Parkplätze am Straßenrand (auf der Straße)
4	Parkplätze in unbefestigtem Gelände

Tab. 9: Ergänzungstabelle zu Tab. 10 Parkplatztypen

Bahnhof	Parkplatzbeschreibung	Anzahl Parkplätze	Anzahl Parkende Autos	Parkplatztyp	Kostenpflichtig?
Camburg	Straße nördlich des Bahnhofsgebäude	15	8	3	Nein
Camburg	Straße und Wendebereich südlich des Bahnhofsgebäudes	25	15	4	Nein
Dornburg	Straße zum Bahnhofsgebäude	10	4	3	Nein
Großschwabhausen	Direkt an Gleis 1	4	3	4	Nein
Großschwabhausen	Abstellfläche nähe Gleis 1	6	3	3	Nein
Großschwabhausen	Straße neben Gleis 2	10	4	3	Nein
Hermsdorf-Klosterlausnitz	Südlich des Bahnhofs	68	23	1	Ja
Jena-Göschwitz	Östlicher Parkplatz	85	71	4	Nein
Jena-Göschwitz	Parkplatz zwischen Saaletalstrecke und der Bahnstrecke Weimar – Gera	21	5	2	Ja
Jena-Paradies	Östlich des Bahnhofskomplexes	10	9	1	Ja

Bahnhof	Parkplatzbeschreibung	Anzahl Parkplätze	Anzahl Parkende Autos	Parkplatztyp	Kostenpflichtig?
Jena-Saalbahnhof	Direkt am Gang zu den Bahnsteigen	26	17	1	Ja
Jena-Saalbahnhof	Vor dem alten Bahnhofsgebäude	32	26	3	Ja
Jena-West	Östlich des Bahnhofsgebäudes	20	11	1	Ja
Jena-Zwätzen	Östlicher Parkplatz	4	3	1	Nein
Jena-Zwätzen	Flächen westlich der Schienen	5	1	4	Nein
Kahla	Direkt vor dem Bahnhof	18	14	1	Nein
Kahla	Auf der gegenüberliegenden Straßenseite	14	9	2	Nein
Kahla	Seitlich in der Nähe des Penny	10	10	1	Nein
Mellingen	Direkt am Gleis 1	14	6	1	Nein
Neue Schenke	Direkt an Gleis 1	14	4	1	Nein
Oberweimar	Hinter dem Zaun	4	0	1	Nein
Oberweimar	Vor dem Zaun	5	2	3	Nein
Orlamünde	Befestigte Parkplätze südlich des Bahnhofsgebäudes	14	12	1	Nein
Orlamünde	Straße südlich des Bahnhofsgebäudes	7	6	3	Nein
Orlamünde	Nördlich des Bahnhofsgebäudes	15	7	4	Nein
Porstendorf	Vor dem Gebäude	9	4	4	Nein
Porstendorf	Südlich des Erdwärme-Lehrpfades	10	0	1	Nein
Rothenstein	Verteilt auf dem freien Gelände um den Bahnhof	10	0	4	Nein
Stadtroda	Direkt am Bahnhofsgebäude	43	27	1	Nein

Tab. 10: Übersicht über die untersuchten Parkplätze

6.2.2 Distanzen zwischen Parkplätzen und Gleisen

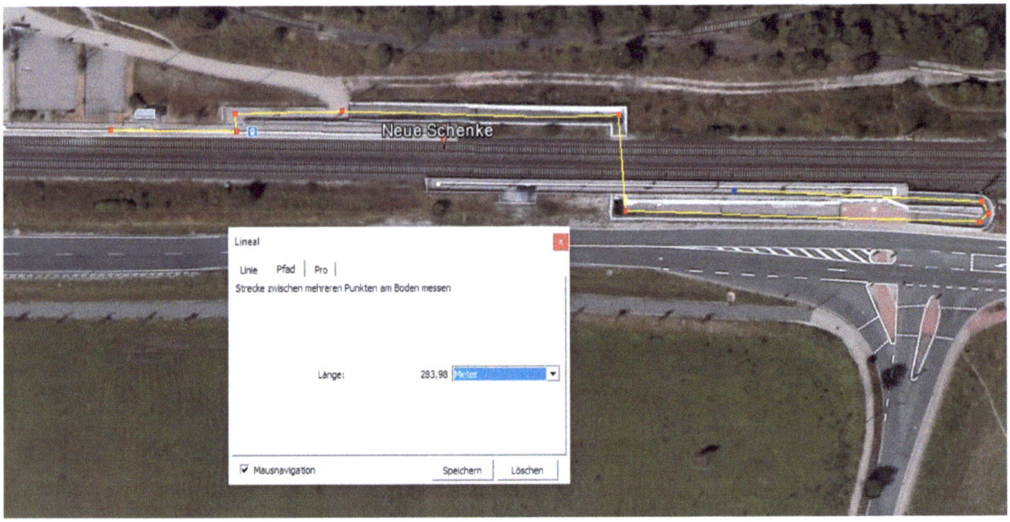

Abb. 23: Beispiel einer Entfernungsmessung am Bahnhof Neue Schenke.

Wertung	Hauptlastrichtung	Nebenlastrichtung
5	Dornburg, Großschwabhausen, Jena-Paradies, Jena-West, Mellingen, Neue Schenke	Camburg, Stadtroda
4	Rothenstein	Dornburg, Jena-Göschwitz, Jena-Paradies, Jena-West, Jena-Zwätzen, Kahla, Mellingen, Orlamünde, Rothenstein
3	Camburg, Hermsdorf-Klosterlausnitz, Jena Saalbahnhof, Kahla, Oberweimar, Orlamünde, Porstendorf, Stadtroda	Großschwabhausen, Hermsdorf-Klosterlausnitz, Porstendorf
2		Jena Saalbahnhof, Oberweimar
1		
0		Neue Schenke

Tab. 11: Wertung der Entfernung der Parkplätze von den Gleisen

Die Bewertung der Entfernung der Parkplätze zu den Gleisen teilt sich in die Bewertung der Entfernung in Haupt- und in Nebenlastrichtung ein. Die Ergebnisse sind in Tab. 11 ersichtlich, die einzelnen Werte in Tab. 12. Auffällig ist die schlechte Bewertung des Haltepunktes Neue

Schenke (s.a. Abb. 23). Hier liegt der Zugang zum Gleis in Hauptlastrichtung (in Richtung Jena) direkt am Gleis. Der Zugang zum zweiten Gleis ist jedoch durch den Versatz der Bahnsteige und den langläufigen Zugang besonders weit entfernt.

Bahnhof	Parkplätze	Strecke (Meter) zum Bahnsteig in	
		Hauptlastrichtung	Nebenlastrichtung
Camburg	Straße vor dem Bahnhofsgebäude	155	30
Camburg	Straße und Wendebereich südlich des Bahnhofsgebäudes	105	40
Dornburg	Straße vor dem Bahnhof	35	95
Großschwabhausen	An Gleis 1	60	215
Großschwabhausen	Döbritscher Straße / Dorfstraße	85	250
Großschwabhausen	Straße neben Gleis 2	25	265
Hermsdorf-Klosterlausnitz	Südlich des Bahnhofs	120	120
Jena-Göschwitz	Östlicher Parkplatz (keine Markierungen)	85	85
Jena-Göschwitz	Parkplatz zwischen Saaletalstrecke und der Bahnstrecke Weimar - Gera	115	115
Jena-Paradies	Vor dem Bahnhofskomplex	50	70
Jena-Saalbahn hof	Direkt am Gang zu den Bahnsteigen	100	160
Jena-Saalbahnhof	Vor dem alten Bahnhofsgebäude	200	265
Jena West	Westlich des Bahnhofsgebäudes	35	85
Jena-Zwätzen	Östlicher Parkplatz	75	90
Jena-Zwätzen	Westlicher Parkplatz	75	90
Kahla	Direkt vor dem Bahnhof	115	30
Kahla	Auf der gegenüberliegenden Straßenseite	145	80

Bahnhof	Parkplätze	Strecke (Meter) zum Bahnsteig in	
		Hauptlastrichtung	Nebenlastrichtung
Kahla	Seitlich in der Nähe des Penny-Marktes	105	90
Mellingen	Direkt am Gleis 1	40	115
Neue Schenke	Direkt an Gleis 1	20	300
Oberweimar	Hinter dem Zaun	130	200
Oberweimar	Vor dem Zaun	150	195
Orlamünde	Befestigte Parkplätze südlich des Bahnhofsgebäudes	100	50
Orlamünde	Straße südlich des Bahnhofsgebäudes	150	100
Orlamünde	Nördlich des Bahnhofsgebäudes	165	120
Porstendorf	Südlich Erdwärme Lehrpfad	160	180
Porstendorf	Vor dem Gebäude	90	110
Rothenstein	Verteilt auf dem freien Gelände um den Bahnhof	100	75
Stadtroda	Direkt am Bahnhofsgebäude	155	20

Tab. 12: Distanzen zwischen den Parkplätzen und den Zugangsbereichen zu den Bahnfahrzeugen (Gleisen)

6.2.3 Art des Bahnsteigzugangs

Die meisten Bahnhöfe weisen eine Unterführung auf, durch die alle Gleise jederzeit ohne Wartezeiten zugänglich sind. Nur in Großschwabhausen, Jena-Zwätzen, Oberweimar und Rothenstein gibt es noch niveaugleiche Bahnübergänge mit Schranken (s.a. Tab. 13).

Gleiszugang	Bahnhof
Unterführung	Camburg, Dornburg, Hermsdorf-Klosterlausnitz, Jena-Göschwitz, Jena-Paradies, Jena Saalbahnhof, Jena West, Kahla, Mellingen, Neue Schenke, Orlamünde, Porstendorf, Stadtroda
Niveaugleich (Schranke)	Großschwabhausen, Jena-Zwätzen, Oberweimar, Rothenstein
Aufzug	Hermsdorf-Klosterlausnitz, Jena-Göschwitz, Jena-Paradies, Jena Saalbahnhof, Jena West, Kahla, Orlamünde, Stadtroda

Tab. 13: Art des Gleiszugangs

6.2.4 Kosten der Parkplatznutzung

Kostenpflichtig sind Parkplätze auf den Bahnhöfen in Hermsdorf-Klosterlausnitz, Jena-Paradies, Jena Saalbahnhof und Jena West. Eine Auflistung aller Parkplätze findet sich in Tab. 10.

6.2.5 Qualität der Parkplätze

Wertung	Bahnhof
5	Hermsdorf-Klosterlausnitz, Jena Paradies, Jena West, Mellingen, Neue Schenke, Porstendorf, Stadtroda
4	Jena Saalbahnhof, Kahla, Oberweimar, Orlamünde
3	Dornburg, Großschwabhausen, Jena-Zwätzen,
2	Camburg, Jena-Göschwitz, Rothenstein
1	

Tab. 14: Qualität der Parkplätze

An einigen Bahnhöfen gibt es keine oder nur wenige befestigte Stellplätze. In Tab. 14 ist die Qualitätsbewertungbewertung der Parkplätze zu finden.

6.2.6 Kapazitäten im näheren Umfeld

In vielen kleineren Orten bietet sich die Möglichkeit, auch auf wenigen ausgeschilderten Parkplätzen in Bahnhofsnähe zu parken, während dies an anderen Orten schlechter möglich ist. So stehen beispielsweise in Großschwabhausen ca. 20 Parkplätze direkt zur Verfügung und bei höherem Bedarf lassen sich weitere Parkplätze in unmittelbarer Umgebung im Ort finden. In Dornburg ist diese Voraussetzung nicht gegeben. Hier gibt es neben den angegebenen Flächen kaum Ausweichbereiche (s.a. Tab. 15).

Wertung	Bahnhof
5	Camburg, Großschwabhausen
4	-
3	Hermsdorf-Klosterlausnitz, Jena Paradies, Kahla, Mellingen
2	Jena-Göschwitz, Neue Schenke, Porstendorf, Rothenstein
1	Oberweimar, Orlamünde, Stadtroda
0	Dornburg, Jena Saalbahnhof, Jena West, Jena-Zwätzen

Tab. 15: Weitere Parkmöglichkeiten in Bahnhofsnähe

6.2.7 Ergebnisse und Zusammenfassung

6.2.7.1 Eindrucksbewertung

In Tab. 16 ist die Situation an den einzelnen Bahnhöfen unter der Berücksichtigung der in Abschnitt 5.2.1 definierten Bewertungskriterien am betreffenden Bahnhof kurz zusammengefasst.

Die Farbcodes sollen dabei eine Schnelleinschätzung der Situation am jeweiligen Bahnhof ermöglichen. Dabei beschreibt die Farbe Grün eine sehr gute bis gute Situation, Gelb weist auf eine befriedigende bis ausreichende Situation hin. Orange hinterlegte Zeilen deuten auf Mängel am Bahnhof hin. Aufgrund der Art der Betrachtung kann lediglich die beschriebene grobe Klassierung vorgenommen werden. Die Bildung einer Rangfolge ist nicht möglich.

Bahnhof	**Beschreibung**
Camburg	Die Parkplatzsituation in Camburg ist gut. Es gibt eine Vielzahl an Abstellmöglichkeiten, wenn auch keine offiziell ausgeschilderten Parkplätze.
Dornburg	Einzige Parkmöglichkeit ist in der Straße zum Bahnhof. In der Nähe gibt es wenig weitere Parkmöglichkeiten. Die Situation ist durch die Lage des Bahnhofes zwischen Berg und Saale beengt.
Großschwab-hausen	Die Parkplätze in Großschwabhausen sind in der Nähe des Gleises. Der vom Bahnhof relativ weit entfernte Übergang zum anderen Gleis erschwert jedoch zumindest in eine Richtung den Zugang vom Auto zum Zug, oder andersrum. In der Umgebung des Bahnhofes gibt es noch weitere Parkflächen. Die Parksituation wird somit insgesamt als sehr gut eingestuft. Zwischen den Gleisen gibt es keine Unter-/Überführung. Auf die andere Seite gelangt man über den örtlichen Bahnübergang.
Hermsdorf-Klosterlausnitz	In moderater Entfernung zu den Gleisen befindet sich ein großer Parkplatz mit 68 Stellplätzen. Dieser Parkplatz ist kostenpflichtig. Der Zugang zu den Gleisen erfolgt in beide Lastrichtungen durch eine Unterführung.
Jena-Göschwitz	Ein Parkplatz befindet sich östlich des Bahnhofes. Er ist unbefestigt, bietet ca. 85 Plätze und ist kostenfrei. Südlich des Bahnhofsgebäudes, zwischen Saalebahnstrecke und der Strecke Weimar-Gera befindet sich neben der zentralen Zufahrtsstraße zum Bahnhof ein kostenloser Parkplatz mit 21 Stellplätzen.
Jena-Paradies	Das Parkplatzangebot ist sehr gering und fast immer ausgelastet. In der Nähe befindet sich noch der Parkplatz hinter dem Volksbad, sowie der Parkplatz am Holzmarkt, die ebenfalls kostenpflichtig sind.
Jena-Saalbahn-hof	Es gibt eine Vielzahl von Parkplätzen, die jedoch während zwei Kontrollgängen jeweils fast vollständig belegt waren. Der Zugang zum Gleis ist so kurz wie möglich, allerdings muss immer um das entwidmete Empfangsgebäude herumgelaufen werden. In der Nähe gibt es kaum weitere Parkmöglichkeiten.

Bahnhof	Beschreibung
Jena West	Der Parkplatz des Bahnhofes Jena West ist direkt vor dem Bahnhofsgebäude und ist mit 20 Stellflächen ausgestattet und hält damit doppelt so viele Parkplätze vor wie der Bahnhof Jena Paradies. Zu Gleis eins in Hauptlastrichtung nach Erfurt sind es nur 35 m. Auch der zweite Bahnsteig ist schnell zu erreichen. Die Parkmöglichkeiten in der Umgebung sind sehr begrenzt.
Jena-Zwätzen	Es gibt nur vier Parkplätze auf der Ostseite, die bei Stichprobennahme alle belegt waren. Auf der Westseite gibt es einen kleinen Weg, der bedingt von einigen Fahrzeugen als Parkplatz genutzt werden kann. Beide Parkplätze sind sehr nah am Bahnsteig gelegen. Von einem Reisenden ab diesem Bahnhof wurde im Rahmen meiner Umfrage die Unsicherheit, hier einen Parkplatz zu erhalten, bemängelt.
Kahla	Die Parkplätze sind in der Nähe der Gleise. Die Parkplätze seitlich neben dem Bahnhof sind jedoch stark ausgelastet.
Mellingen	Hier gibt es einen befestigten Parkplatz mit 13 Stellplätzen direkt am Gleis. Auf der anderen Seite des Bahnhofsgebäudes befinden sich weitere Flächen, auf denen mindestens 25 weitere Autos abgestellt werden können.
Neue Schenke	Es gibt 14 kostenlose, ausgeschilderte Parkplätze direkt an Gleis 1. In unmittelbarer Nähe gibt es weitere freie Flächen, die es ermöglichen Autos abzustellen. Katastrophal ist jedoch der Fußweg von Gleis 1 zu Gleis 2, der unnötig umständlich gestaltet wurde. Der Haltepunkt „Neue Schenke" hat leicht versetzte Bahnsteige. Der Überweg führt jedoch an Gleis zwei von der Seite, die am weitesten von Gleis 1 entfernt ist, auf die andere Seite, wodurch sehr lange Laufwege in mindestens eine Richtung entstehen. Vom letzten Zugang des Parkplatzes zu Gleis 1 und dem Ende des ersten Bahnsteigdrittels von Gleis 2 muss ein Weg von 280-300 m zurückgelegt werden.
Oberweimar	Der Bahnhof liegt in einem Wohngebiet. Es gibt nur wenige Stellplätze und wenige Möglichkeiten in der Nähe, um ein Auto abzustellen. Um auf das andere Gleis zu gelangen, muss ein Bahnübergang überquert werden. Der Zugang zum Gleis in Fahrtrichtung Jena (Hauptlastrichtung) ist 95 m lang. Der Weg, um von einem Bahnsteig zum anderen zu gelangen beträgt 320 m.
Orlamünde	Es befinden sich 14 befestigte Parkplätze vor dem Bahnhofsgebäude. Zum Besichtigungszeitpunkt waren diese Parkplätze vollständig belegt. Jedoch gibt es weitere Parkmöglichkeiten an der breiten Zufahrtsstraße zum Bahnhof, die nur als Zufahrt genutzt wird. Nördlich des Bahnhofsgebäudes befindet sich eine Wendeschleife, an deren Rändern ebenfalls die Möglichkeit zum Abstellen von Fahrzeugen besteht.

Bahnhof	**Beschreibung**
Porstendorf	In Porstendorf befinden sich zwei Parkplätze, mit insgesamt 19 Stellplätzen. Die Weglängen zu den Gleisen sind durchschnittlich.
Rothenstein	Es gibt keine ausgewiesenen Parkplätze, sondern lediglich Möglichkeiten, Autos neben der Straße abzustellen. Allerdings ist in der Nähe des Bahnhofes viel Land, das landwirtschaftlich genutzt wird. Es gäbe die Möglichkeit, die Anbindung des Bahnhofes zu verbessern.
Stadtroda	Direkt am Bahnhofsgebäude, an Gleis 1, befinden sich die Parkplätze. Auch ca. 10 Fahrradständer befinden sich direkt an Gleis 1. Das sind für einen Bahnhof dieser Größe zu wenig. Ebenfalls fällt der Übergang von Gleis 1 zu Gleis 2 negativ auf, der am Ende des Bahnsteiges gelegen ist und zu der man, wenn man den Bahnsteig von Gleis 1 erreicht hat noch 55 m gehen muss.

Tab. 16: Zusammenfassung der Situation an den untersuchten Bahnhöfen (eindrucksorientierte Bewertung).[6]

6.2.8 Analytische Bewertung

Tabelle 13 zeigt die Ergebnisse, die sich bei Anwendung der unter 5.2.3 beschriebenen Methoden ergeben. Anders als bei der Eindrucksbewertung wird hier statt der drei Ergebnisklassen eine genaue Rangfolge ermittelt.

Bahnhof	Bewertung in Prozent	Rang des Bahnhofs
Mellingen	91,1	1
Stadtroda	87,7	2
Camburg	84,3	3
Dornburg	82,5	4
Orlamünde	81,3	5
Kahla	79,2	6
Jena-Göschwitz	78,6	7
Neue Schenke	77,0	8
Porstendorf	76,5	9
Jena West	76,4	10
Großschwabhausen	73,8	11
Hermsdorf-Klosterlausnitz	70,5	12
Jena-Zwätzen	68,0	13
Rothenstein	67,7	14
Jena-Paradies	66,8	15
Oberweimar	62,1	16
Jena-Saalbahnhof	57,9	17

Tab. 17: Ergebnis der analytischen Bewertung der Startbahnhöfe bezüglich ihrer P&R-Eigenschaften

[6] Die Farben in der Tabelle geben verschiedene Gesamtsituationen der Parkplätze an: Grün hinterlegt: Parksituation gut, Gelb: Mittelmäßig, Rot: Schlecht

6.2.9 Zusammenfassung

Es zeigt sich, dass die Ergebnisse der Eindrucksbewertung und der analytischen Bewertung in Großen und Ganzen übereinstimmende Werte liefern. Bei der Eindrucksbewertung gehören fünf Bahnhöfe zur Klasse der besten Bahnhöfe (grün). Diese Bahnhöfe befinden sich bei der analytischen Bewertung alle auf den besten sechs Plätzen. Von den sieben Bahnhöfen, die zur Mittelklasse gehören (gelb) findet man sechs bei der analytischen Bewertung ebenfalls auf den Plätzen 6 bis 12. Fünf Bahnhöfe wurden aufgrund des qualifizierten Eindrucks in die unterste Klasse (orange) eingestuft. Für vier von ihnen entspricht das auch der analytischen Bewertung. Lediglich der Bahnhof Dornburg erreichte in der analytischen Bewertung Rang vier, was der besten Klasse entspricht.

6.3 Ergebnisse der Reisekettenanalyse

6.3.1 Verzögerung durch Berufsverkehr

Anhand der Strecke zwischen Hummelshain und der Firma Alere im Gewerbegebiet Saalepark in Jena-Nord kann gezeigt werden, wie Stausituationen zu Stoßzeiten in Innenstadtbereichen eine Autofahrt verlängern und die Reisequalität verringern können (s.a. Abschnitt 1.3.). In dem gewählten Beispiel führt der Weg eines Berufspendlers täglich von seinem Wohnort in Hummelshain zu seinem Arbeitsplatz bei der Alere Technologies GmbH. Dieser Weg ist 28 km lang, führt vom Quellort über eine Landstraße nach Kahla in städtisches Gebiet mit Geschwindigkeitsbegrenzungen und danach über die Bundesstraße 88 durch den Innenstadtbereich Jenas bis zum Zielort im Gewerbegebiet Saalepark. Würde dieser Weg nur mit dem Auto bei durchschnittlicher Verkehrslage zurückgelegt werden, so würde sich eine Dauer von 35 min ergeben (s. Tab 18). In der Hauptverkehrszeit (morgens) zwischen 7:00 Uhr und 7:30 Uhr wird eine erwartete Fahrtdauer von bis zu 50 min angegeben. Beim Durchfahren der Jenaer Innenstadt kommt der Hauptteil dieser Verzögerung zustande. Ab 15:00 Uhr bis 16:30 Uhr wird für die Gegenrichtung eine Fahrzeit von bis zu 50 min angegeben.

Nun wird derselbe Weg bei Nutzung des ÖPNV betrachtet. Mit dem PKW beginnt die Fahrt in Hummelshain und endet in Kahla am Bahnhof. Die Dauer auf diesem Abschnitt beträgt zwischen 7:00 Uhr und 7:30 Uhr 14 min, während die reguläre Fahrtzeit dort 12 min beträgt. Es wird von einer Übergangszeit von 5 min ausgegangen. Die Fahrtzeit mit dem Zug nach Jena-Zwätzen beträgt 19 min. Von dort aus muss ein Fußweg von 19 min zurückgelegt werden. Die Gesamtreisezeit beträgt dabei 57 min in der Hauptverkehrszeit (sonst 55 min) – etwa derselbe Zeitaufwand wie mit dem Auto in Stoßzeiten.

Dauer (min)	MIV (Ohne Verzögerung in der HVZ[7])	Dauer (min)	Nur ÖPNV
9	Hummelshain – Kahla	21	Bus, Hummelshain – Kahla
25	B 88, Kahla – Jena	3	Fußweg Bushalt – Bahnhof Kahla
1	Bis Löbstedter Straße	18	Zug, Kahla – Jena-Zwätzen
		19	Fußweg, Hp. Jena-Zwätzen – Alere
35		61	
Dauer (min)	P&R am Startbahnhof (ohne Verzögerung in HVZ)	Dauer (min)	P&R am Startbahnhof, Fahrrad bereitgestellt am Zielbahnhof
12	PKW, Hummelshain – Bf. Kahla	12	PKW, Hummelshain – Bf. Kahla
5	Park- und Umsteigezeit	5	Park- und Umsteigezeit
19	Zug, Kahla – Jena-Zwätzen	19	Zug, Kahla – Jena-Zwätzen
19	Zu Fuß, Hp. Jena-Zwätzen – Alere	5	Fahrrad, Hp. Jena-Zwätzen – Alere
55		41	

Tab. 18: Zeitaufschlüsselung der Reisekette von Hummelshain zur Firma Alere im Gewerbegebiet Saalepark in Jena

Würde man in Jena-Zwätzen ein Fahrrad deponieren, um täglich den Weg von 1,2 km jeweils vom Haltepunkt Jena-Zwätzen zum Arbeitsplatz und zurück zurücklegen zu können, so würde man für den letzten Abschnitt 13 min einsparen. Ein Nachteil ist, dass dieser Weg mit dem Fahrrad nicht bei jedem Wetter ausreichend angenehm zurückzulegen ist. Bei schlechter Witterung müsste somit weiterhin der Fußweg genutzt werden. Durch die kombinierte Nutzung von P&R und Fahrrad kann – verglichen mit der MIV-Nutzung – die Reisequalität im Bereich der Jenaer Innenstadt aufgrund der Nutzung wenig befahrener Straßen erhöht werden. Weiterhin ergibt sich sowohl eine Einsparung an Zeit, als auch eine Einsparung an Kosten (*Tab. 19*).

Kosten des MIV p.a.	Kosten von P&R pro Jahr	Differenz
3696,00 €	945,60 € (ÖPNV) + 495 € (Anteil Auto) = 1440,60 €	1760,40 €

Tab. 19: Kostenvergleich der MIV- und ÖPNV-Nutzung zwischen Hummelshain und der Firma Alere[8]

[7] Hauptverkehrszeit

[8] Grundlage der Berechnung: 0,30 €/km (steuerlicher Verrechnungssatz) bei MIV-Nutzern und 78,80 für das VMT "solo" Abo (s.a. 5.3). Dieser Ansatz ist als Kompromiss zu verstehen. MIV-Nutzer sehen als ihre Kosten häufig nur den Treibstoffaufwand, während die Vollkosten für einen Wagen der unteren Mittelklasse bei ca. 45 ct. pro km liegen (z.B. Mittelklassewagen (z.B. Golf VII) ADAC 2018).

6.3.2 Wichmar – Jena-Optronik

Dauer (min)	MIV (Ohne Verzögerungen in der HVZ)	Dauer (min)	ÖPNV
1	Wichmar Ortsstraße – B88	34	Bus, Wichmar – Busbahnhof Jena
26	B 88 bis Lobedaer Straße	3	Fußweg
5	Lobedaer Str. – Ziel	12	Paradiesbahnhof West – Ernst-Ruska-Ring
		9	Fußweg
32		58	
Dauer (min)	P&R (Ohne Verzögerungen in der HVZ)		
7	Auto, Wichmar – Bf. Dornburg		
5	Parkplatzsuche und umsteigen		
16	Bahn, Dornburg- Jena-Göschwitz		
12	Fußweg		
40			

Tab. 20: Zeitaufschlüsselung der Reisekette zwischen Wichmar und Jena Optronik im Gewerbegebiet Göschwitz.

Die Fahrt von Wichmar zu Jena Optronik im Gewerbegebiet Göschwitz über 22 km dauert mit dem Auto außerhalb der Hauptverkehrszeit ca. 32 min.

Bei Nutzung von P&R dauert die Fahrt von Wichmar zum Bahnhof in Dornburg 7 min. Die Zugfahrt nach Jena-Göschwitz dauert 16 min. Der Fußweg vom Bahnhof Göschwitz zu Jena-Optronik beträgt 12 min. Mit dem Fahrrad wäre es möglich, den Weg in 3 min zurückzulegen – mit Ab- und Aufschließen des Fahrrades ca. 5 min. Somit würde der Gesamtweg einschließlich des Fußweges vom Bahnhof zu Jena-Optronik 35 min in Anspruch nehmen.

Kosten des MIV pro Jahr	Kosten des ÖPNV pro Jahr	Differenz
2904,00 €	1357,20 €	1546,80 €
Kosten des MIV pro Jahr	Kosten von P&R pro Jahr	Differenz
2904,00 €	1357,20€ + 297 € = 1654,20 €	1249,80 €

Tab. 21: Kostenvergleich der MIV- und ÖPNV-Nutzung zwischen Wichmar und Jena Optronik

6.3.3 Kahla – Jena/Carl-Zeiss-Promenade – Attraktivitätsverlust durch ungünstige ÖPNV-Situation im Zielbereich

Dauer (min)	MIV (Ohne Verzögerungen in der HVZ)	Dauer (min)	ÖPNV
10	B 88, Kahla – Jena	13	Zug, Kahla – Jena Paradies
9	über Rudolstädter Straße bis Zeiss-Werk	11	Fußweg Jena Paradies – Teichgraben, Jena
		1	Wartezeit
		8	Busfahrt Teichgraben – Zeiss-Werk
19		33	

Tab. 22: Zeitaufschlüsselung der Reisekette zwischen Kahla und Jena - Carl-Zeiss-Promenade

Die Route von Kahla zum Zeiss-Werk in Jena ist 15 km lang und führt über die B 88 und den Beutenberg zum Zielort. Dafür werden ohne Verzögerungen durch den Verkehr der Hauptverkehrszeit 19 min benötig – bei Verkehr ca. 24 min. Da hier die Innenstadt Jenas nicht durchfahren wird, ist die Verzögerung nicht so hoch. Die Fahrt mit dem ÖPNV von Kahla nach Jena dauert 13 min, danach muss der Weg zwischen dem Bahnhof Jena-Paradies und der Haltestelle Teichgraben zu Fuß zurückgelegt werden. Dieser ist mit 11 min angegeben. Nach 1 min Wartezeit fährt der Bus in Richtung Zeiss-Werk. Dafür werden 8 min benötigt. Die Fahrtdauer beträgt insgesamt 33 min. In diesem Beispiel würde die Ersparnis zwischen MIV- und ÖPNV-Nutzung 836,40 € im Jahr betragen, wie in *Tab. 23* dargestellt.

Problem: Gestaltung der Umsteigestelle

Der aus Tab. 22 ersichtliche Übergang vom Bahnhof Jena Paradies zur Bushaltestelle Teichgraben macht ein Drittel der Gesamtfahrtdauer aus. Die lange Übergangszeit und der Fußweg machen die Anfahrt der Industriebetriebe in Jena-Südwest unattraktiv. Dies ist von Bedeutung, da die Gewerbe- und Industriebetriebe in Jena-Südwest eine hohe Anzahl an Personen beschäftigen. Auch eine ÖPNV-Fahrt über Jena-Göschwitz weist etwa dieselbe Dauer auf.

Lösungsvorschlag

Eine Lösung wäre die Schaffung einer Linie ab dem Busbahnhof in Richtung Jena-Südwest, die mit den Ankunftszeiten der Züge getaktet ist. Dazu sollte die Ampelschaltung am Übergang vom Bahnhof Jena-Paradies zum Busbahnhof so geschaltet werden, dass ankommende Pendler den Überweg nach Ankunft des Zuges vom Wohnort sofort nutzen können.

Kosten des MIV pro Jahr	Kosten des ÖPNV pro Jahr	Differenz
1980,00 €	945,60 €	836,40 €

Tab. 23: Kostenvergleich der MIV- und ÖPNV-Nutzung zwischen Kahla und dem Zeisswerk in Jena.

6.3.4 Staufenbergstraße – Loquitzweg

Dauer (min)	MIV (Ohne Verzögerungen in der HVZ)	Dauer (min)	ÖPNV
2	Karl-Marx-Alle in Richtung B88	6	Fußweg zur Straßenbahnhaltestelle Emil-Wölk-Straße
11	B88	2	StraBa, Emil-Wölk-Straße – Platanenstraße
1	Abzweig Loquitzweg	4	Umsteigezeit
		10	Bus, Platanenstraße – Busbahnhof Jena
		3	Umsteigezeit
		8	Bus, Busbahnhof bis Ziel
14		33	
		Dauer (min)	ÖPNV mit Fahrradmitnahme
		7	Fahrrad, Stauffenbergstraße – Bf. Jena-Göschwitz
		3	Übergangszeit
		8	Zug, Göschwitz – Jena-Saalbahnhof mit dem Zug
		5	Fahrt zum Ziel
		23	

Tab. 24: Zeitaufschlüsselung der Reisekette von der Stauffenbergstraße zum Loquitzweg

Die Strecke von der Stauffenbergstraße in Jena Lobeda-West zum Loquitzweg im Gewerbegebiet Saalepark in Jena ist 9 km lang und kann mit dem PKW über die B 88 in 14 min zurückgelegt werden. In der Hauptverkehrszeit werden bis zu 24 Minuten angegeben. Die Fahrt mit dem ÖPNV mit zwei Umstiegen dauert 33 Minuten. Durch die Nutzung von Fahrrad und Zug lassen sich ca. 10 min einsparen. Die Kostenersparnis der ÖPNV-Nutzung liegt in diesem Beispiel bei 610,80 € jährlich (s. Tab. 25).

Verbesserungsmöglichkeiten

Eine deutliche Verbesserung dieser Verbindung ließe sich erreichen, wenn die Bahnhöfe Jena-Zwätzen und Jena Saalbahnhof besser mit dem Gewerbegebiet Saalepark verbunden würden. Von der Saaletalstrecke zum Saalepark gibt es bisher keine schnelle Anbindung mit öffentlichen Verkehrsmitteln. Die Buslinie 17, die von der Stadtmitte aus, am Saalbahnhof vorbeifahrend u.a. das Gewerbegebiet Saalepark bedient, fährt mit geringer Taktung und bietet nicht die notwendige Anbindung an den Saalbahnhof. Eine direkte Buslinie zwischen Saalbahnhof und dem Haltepunkt Jena-Zwätzen könnte die Anbindung zum Gewerbegebiet Saalepark und den dort ansässigen Unternehmen verbessern. Dazu wäre es nötig, einen Ausgang auf der Ostseite des Saalbahnhofs zu schaffen, um die Reisenden schnell auf die „richtige“ Seite der Bahnstrecke zu bringen, da es zwischen der Schillerpassage und dem Bahnhof Zwätzen auf einer Strecke von 3,4 km keine Möglichkeit gibt, die Bahntrasse mit dem KFZ zu überqueren.

Kosten des MIV pro Jahr	Kosten des ÖPNV pro Jahr	Differenz
1188,00 €	577,20 €	610,80 €

Tab. 25: Kostenvergleich der MIV- und ÖPNV-Nutzung zwischen Stauffenbergstraße und Loquitzweg

7. Entwicklungsmöglichkeiten in den Bereichen P&R, B&R und ÖPNV

Das Ziel dieser Arbeit, wie in Abschnitt 1.1 beschrieben, ist, den ÖPNV attraktiver zu gestalten und den Autoverkehr insbesondere in Städten zu verringern, um damit dem Flächenverbrauch und der Lärmentwicklung durch eine wachsende Anzahl an Fahrzeugen entgegenzuwirken. Dazu wurden im Raum Jena Untersuchungen durchgeführt, die insbesondere auf die P&R- und B&R-Nutzung fokussiert sind. In den Kapiteln 5 und 6 wurden verschiedene Untersuchungen besprochen und die Ergebnisse dargelegt. In diesem Abschnitt soll es darum gehen, die daraus erlangten Erkenntnisse zu nutzen, um konkrete Ideen zu entwickeln, wie das Ziel, den ÖPNV im Raum Jena und generell attraktiver zu gestalten, erreicht werden kann. Darüber hinaus sollen vorhandene Konzepte aus dem Bereich der Verbesserung des ÖPNV anhand der Ergebnisse bewertet werden.

7.1 Fahrscheinloser ÖPNV

33 Prozent der Autofahrer in der Umfrage gaben höhere Kosten des ÖPNV im Vergleich zur Nutzung eines bereits vorhandenen PKW an. Im Bürgerhaushalt Jena 2017 wird die Einführung eines fahrscheinlosen Nahverkehrs diskutiert. Dabei werden Erfahrungen in den Städten Hasselt (Belgien) und Templin (Brandenburg) beschrieben (STADTVERWALTUNG JENA 2017:13). In Hasselt wurde 1997 der Nahverkehr stadtweit kostenlos angeboten, in Templin wurde ebenfalls 1997 der fahrscheinlose Stadtverkehr eingeführt. Das Angebot bezog sich dort jedoch nur auf zwei Haupt- und zwei Nebenlinien. Beide Städte erlebten einen sprunghaften Anstieg der Nachfrage. Während in Templin der fahrscheinlose Nahverkehr im Jahr 2003 komplett eingestellt wurde, wird er in Hasselt seit 2013 nur noch für Kinder und Senioren angeboten. In Templin stellten die Verkehrsbetriebe der Stadt Leistungen auf Grundlage der Anzahl der beförderten Fahrgäste monatlich in Rechnung. Durch den Anstieg der Fahrgastzahlen von 41.000 im Jahr 1997 auf 350.000 im Jahr 2003 wurden die bereitgestellten Mittel überschritten und das System konnte in dieser Form nicht weiter beibehalten werden. In Jena wird nun ein anderes System vorgeschlagen, bei dem die Jenaer Nahverkehr GmbH pauschal mit einem Betrag, der sich an ihren bisherigen Einnahmen orientiert, entschädigt werden soll. Kritisch beschrieben werden die möglichen Folgen wie Erhöhung des Passagieraufkommens, was bei gleicher Bedienung der Strecken mit derselben Anzahl an Fahrzeugen und Personal eine Qualitätsminderung mit sich bringen würde.

Darüber hinaus ergeben sich auch Möglichkeiten mit einem fahrscheinlosen Nahverkehr mehr Linien einzurichten oder die Taktung bei bestehenden Linien zu erhöhen. Bei ausreichender Qualität und Zuverlässigkeit des ÖPNV kann dies dazu führen, dass weniger PKW betrieben werden, was verkehrsberuhigend wirkt und Flächen im öffentlichen Raum freistellt.

7.1.1 Hohe Auslastung auf wenigen kurzen Strecken

Ein Experte auf dem Gebiet der innerstädtischen Mobilität äußerte gesprächsweise, dass fahrscheinloser bzw. kostenloser Nahverkehr dazu führen würde, dass Menschen für sehr kurze

Strecken, die sie zuvor zu Fuß zurückgelegt hätten, fortan den Bus nehmen würden. Im Alltag lässt sich dieses Verhalten in Jena bei Studenten beobachten, die durch das Semesterticket, das im Studentenausweis enthalten ist, die Möglichkeit der fahrscheinlosen Beförderung in öffentlichen Verkehrsmitteln haben. Die Frage ist, ob diese Auslastungen als Ärgernis angesehen werden sollten, da durchaus auch Autofahrer kurze Strecken zurücklegen, die sie auch zu Fuß gehen könnten. Der Unterschied ist hier, dass keine weiteren Kosten anfallen und man sich aus wirtschaftlichen Gründen dazu entscheidet, öffentliche Verkehrsmittel zu nutzen.

7.1.2 Kosten des MIV für die Allgemeinheit

Eine Rechtfertigung für den fahrscheinlosen Nahverkehr und dessen Finanzierung lässt sich in den hohen Kosten für die Allgemeinheit finden, die der MIV verursacht. So liegt bei Straßen ein deutliches Einnahmedefizit vor. Einnahmen von etwa 53 Mrd. € an KFZ-Steuern, Energiesteuern und LKW-Maut, stehen Ausgaben von 60 Mrd. € gegenüber (BÖTTGER 2017:6). Darin nicht enthalten sind die nicht zahlungswirksamen Ausgaben für „Nicht ausgabewirksame Unfallkosten", sowie Schäden durch Treibhausgase und weitere Umweltschäden. Als nicht ausgabewirksame Unfallkosten zählen „Leid von Unfallopfern und Angehörigen", was mit 20,1 Mrd. € angegeben wird, sowie der auf 6,9 Mrd. € bezifferte Produktivitätsausfall von Unfallopfern. Die Schäden durch Treibhausgase werden mit 7,3 Mrd. € angegeben. Die Folgekosten durch Unfälle sind hier gesondert zu betrachten, da die Unfallgefahr bei PKW-Nutzern deutlich höher ist als bei öffentlichen Verkehrsmitteln. So ist die niedrigste Zahl der bei PKW-Unfällen zwischen 2005 und 2009 getöteten PKW-Insassen in Deutschland pro Jahr 2110 (2009), während im selben Zeitraum die höchste Anzahl an getöteten Kraftomnibus-, Eisenbahn- oder Straßenbahninsassen pro Jahr insgesamt 24 (2007) betrug (VORNDRAN 2011:1085).

7.1.3 Zusammenhang von Gesundheit und ÖPNV-Nutzung

Darüber hinaus wurde im selben Gespräch (s. Abschnitt 7.1.1) thematisiert, dass die kostenlose Bereitstellung des ÖPNV zu Bewegungsmangel in der Bevölkerung führen könnte und als Folge daraus das allgemeine Gesundheitsniveau sänke. KEMEN & SCHRAMEK haben untersucht, wie sich die Mobilität auf dem Arbeitsweg auf die Gesundheit auswirkt. Zugrunde gelegt

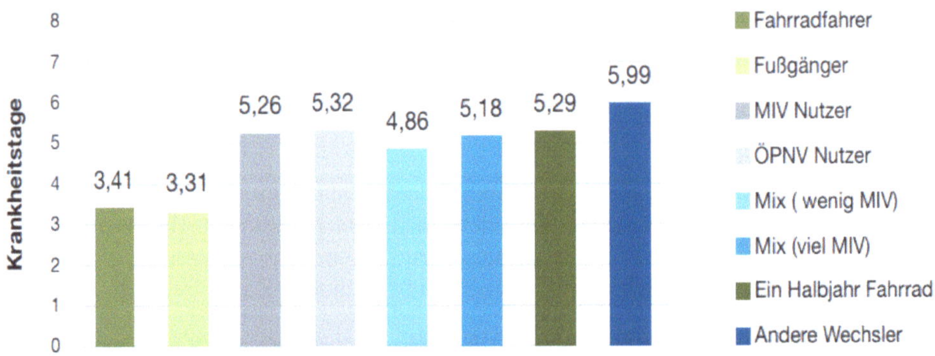

Abb. 24: Krankheitstage von verschiedenen Nutzungstypen

wurden Studienteilnehmer mit bis zu 30 Krankheitstagen jährlich. Abb. 24 zeigt den Zusammenhang zwischen verschiedenen Nutzungen von Verkehrsmitteln und Krankheitstagen (KEMEN & SCHRAMEK 2015:6). Dabei wird deutlich, dass ÖPNV-Nutzer mit durchschnittlich 5,32 Krankheitstagen jährlich und MIV-Nutzer mit durchschnittlich 5,26 Krankheitstagen jährlich etwa ähnlich gefährdet sind, während Fußgänger mit durchschnittlich 3,31 Krankheitstagen jährlich die wenigsten Krankheitstage hatten.

7.1.4 Zersiedelung durch kostenlosen ÖPNV

Ein weiteres Problem ist, dass ein kostenloser öffentlicher Nahverkehr Menschen dazu bewegen könnte, in Gegenden zu ziehen, oder nicht aus Gegenden wegzuziehen, in denen die Lebenshaltungskosten deutlich geringer sind als am Arbeitsort. Auch wenn gezeigt wurde, dass Menschen ihren Wohnort meistens nicht nach wirtschaftlichen Bewertungskriterien auswählen und weite Pendelwege aus anderen Gründen in Kauf genommen werden, könnte der kostenlose Nahverkehr dazu führen, dass Menschen über deutlich weitere Entfernungen pendeln, als wenn sie dafür zahlen müssten.

7.1.5 Geringe Belastung kommunaler Haushalte

Wenn wirtschaftliche Interessen berücksichtigt werden müssen und sich keine Möglichkeit der Subvention des kostenlosen Nahverkehrs findet, so ließe sich der kostenlose Nahverkehr in ländlichen Regionen noch am ehesten umsetzen. Oded Cats, Dozent für Transport und Planung der Technischen Universität Delft, merkt im Interview mit dem Spiegel an, dass der Einsatz des kostenlosen Nahverkehrs insbesondere in ländlichen Gebieten mit den geringsten Kosten verbunden ist, da dort der Anteil von öffentlichen Subventionen besonders hoch ist und die Ticketeinnahmen die Kosten für Automaten und Fahrscheinkontrollen kaum übersteigen würden (NEFZGER 2018).

7.2 Folgerungen für den Raum Jena

7.2.1 Ausbau von Bahnhöfen in den Randbereichen Jenas

Im Jenaer Umland besteht insbesondere an den Standorten der Bahnhöfe Rothenstein, Mellingen, Neue Schenke und evtl. Porstendorf die Möglichkeit, P&R-Anlagen mit 50 oder mehr Parkplätzen aufzubauen. Dies würde sich aber nur lohnen, wenn das Fahrplankonzept so gestaltet wird, dass alle Züge dort halten. Diese Lösung könnte allerdings Personen dazu bewegen, mit dem Auto eine weitere Strecke als bisher in die Nähe Jenas zu fahren und nicht den ihrem Wohnort nächstgelegenen Bahnhof anzusteuern. Deshalb sollte diese Möglichkeit nur zusätzlich zum Ausbau bereits vorhandener Anlagen Anwendung finden. In Zuge dessen sollte auch die Straßenbahnlinie nach Lobeda Ost bis zum Haltepunkt Neue Schenke verlängert werden.

7.2.2 Haltepunkte in der Nähe von Zeiss und FH

Im Diskurs um die Entwicklung zukünftiger Verkehrskonzepte wird derzeit das Gleisdreieck Burgau als Standort für einen Bahnhof als zentraler IC-Bahnhof für Jena vorgeschlagen (ZIPPEL 2017). Für die bessere Anbindung von Pendlern wäre eine Möglichkeit der Bau zusätzlicher

Haltepunkte. Zum einen auf der Saalebahn zwischen Saalbahnhof und Jena-Zwätzen mit Ausgängen in West- und Ostrichtung. Zum anderen wären weitere Haltepunkte auf der Saaletalbahn, wie auch auf der Holzlandbahn auf Höhe der Mühlenstraße denkbar. Hier besteht auch eine gute Verknüpfungsmöglichkeit zum lokalen ÖPNV.

7.3 Ein Blick in die Zukunft

Für die Zukunft zeichnen sich grundsätzliche Veränderungen im Bereich des motorisierten Individualverkehrs ab. Die Einführung von autonomen Fahrzeugen wird einen vergleichbar großen Einfluss auf das Mobilitätsverhalten der Menschen haben, wie die Masseneinführung des PKW zur Mitte des 20. Jahrhunderts. Dies hat mehrere Folgen: Einerseits verliert die Nutzung von öffentlichen Verkehrsmitteln an Attraktivität, da der Nutzer nun dieselben Vorteile auch in einem autonomen Fahrzeug hat. So könnte man in einem autonomen Fahrzeug morgens auf dem Weg zur Arbeit frühstücken, fernsehen und Zeitung lesen. Allerdings böte sich auch die Möglichkeit von geteilten Lösungen, bei denen die Kunden ein Fahrzeug anfordern, das zur gewünschten Zeit am gewünschten Ort bereitsteht. Der Kunde mietet das Auto somit nur für die Fahrt – die Fahrzeuge selbst sind somit im Optimalfall ständig in Bewegung und verbrauchen somit keine Parkfläche.

8. Fazit

Abschließend lässt sich feststellen, dass zu Verbesserungen im ÖPNV im Sinne von B&R und P&R eine Vielzahl an kleinen Anpassungen beitragen können, die in der Summe einen großen Einfluss haben. Verbesserungen an Bahnhöfen wie bequeme, schräg angeordnete Parkplätze in Verbindung mit kurzen Distanzen zwischen Parkplatz und Bahnsteig verkürzen die Gesamtreisezeit, insbesondere dann, wenn auch an der Zielhaltestelle für kurze Wege gesorgt wird. Die Abstimmung der Verkehrsbetriebe untereinander über Anschlüsse der einzelnen Verkehrslinien wird weiterhin die Nutzbarkeit des ÖPNV erhöhen. Überfüllung der Züge zählt neben Verspätungen und Zugausfällen mit jeweils 45 Prozent Nennung zum meistgenannten negativen Aspekt. Eine Empfehlung an die Besteller und Betreiber ist großzügiger zu denken und den Einsatz von Verkehrsmitteln so zu dimensionieren, dass auch zur Hauptverkehrszeit keine Enge, oder unnötig lange Fahrgastwechselzeiten entstehen.

Wenn die Verlagerung des Pendlerverkehrs auf den ÖPNV in Verbindung mit P&R gefördert werden soll, so ergeben sich zwei Ansatzpunkte: Aufklärung über die Kosten- und Parkplatzsituation. Wie die Untersuchungen dieser Arbeit gezeigt haben, ist ÖPNV entgegen der Einschätzung von 33 Prozent der MIV-Nutzer kostengünstiger als der MIV. Die Qualität der Parkplätze lässt sich an vielen Bahnhöfen noch verbessern. An elf von 17 betrachteten Bahnhöfen gibt noch deutliches Verbesserungspotenzial, wie den Bau befestigter Parkplätze und das Verkürzen der Zufahrtswege zu den Gleisen. Zugrunde gelegt, dass Zeit und Kosten wichtige Faktoren in der Frage nach der Verkehrsmittelwahl sind, bieten diese Maßnahmen ein hohes Potenzial MIV-Nutzer für die ÖPNV-Nutzung zu gewinnen.

Literatur

ADAC (Hrsg.) (2011): Flexibel & mobil - mit allen Verkehrsmitteln. München: Allgemeiner Deutscher Automobil-Club e.v.

ADAC (2017): ADAC-Umfrage 2017: Nutzung öffentlicher Verkehrsmittel, https://www.adac.de/infotestrat/tests/verkehrsmittel/oepnv/umfrage-2017/default.aspx (Zugriff: 2018-03-15).

ADAC (2018): ADAC Autokosten-Rechner, https://www.adac.de/infotestrat/autodaten-bank/autokosten/autokosten-rechner/default.aspx.

ADFC GERMERSHEIM E.V. (2007): Bahnhöfe mit Fahrradboxen im Landkreis Germersheim, http://www.fahrradbox.info (Stand: 2007-05-01) (Zugriff: 2018-01-04).

AMMOSER, H. & HOPPE, M. (2006): Glossar Verkehrswesen und Verkehrswissenschaften: Definitionen zu Begriffen des Transport- und Nachrichtenwesens. Dresden: Technische Universität Dresden - Fakultät Verkehrswissenschaften "Friedrich List".

ANDERHUB, G. (2006): Park & Ride und Bike & Ride. Zürich: ETH Zürich Research Collection.

BÖTTGER, C. (2017): Abschätzung der Kosten der Verkehrsträger im Vergleich. Berlin: Hochschule für Technik und Wirtschaft Berlin.

BUNDESAGENTUR FÜR ARBEIT (2017): Pendleratlas, https://statistik.arbeitsagentur.de/Navigation/Statistik/Statistische-Analysen/Interaktive-Visualisierung/Pendleratlas/Pendleratlas-Nav.html (Stand: 2017-06-01) (Zugriff: 2018-03-21).

CHOO, C. (2017): No more free travel, but more commuters to benefit from discounted fares for pre-peak travel from Dec 29 (Stand: 2017-10-30) (Zugriff: 2018-03-13).

DEUTSCHE BAHN AG (2017a): Der Ideenzug für den Regionalverkehr der Zukunft, https://inside.bahn.de/ideenzug-db-regio-making-of/ (Stand: 2017-11-08) (Zugriff: 2018-03-19).

DEUTSCHE BAHN AG (2017b): DB Regio Ideenzug: Die Module im Überblick, https://inside.bahn.de/ideenzug-db-regio-module/ (Stand: 2017-11-13) (Zugriff: 2018-03-19).

DEUTSCHE BAHN AG (2018): Deutsche Bahn: bahn.de: Ihr Mobilitätsportal für Reisen, Bahn, Urlaub, Hotels, Städtereisen und Mietwagen, https://www.bahn.de/p/view/index.shtml (Stand: 2018-03-25) (Zugriff: 2018-03-25).

DIE SCHWEIZERISCHE POST (o.J.): Einfluss von Taktdichte auf Fahrgastzahlen, https://transport.epfl.ch/files/content/sites/transport/files/projects/optima/DE_Fact%20Sheet%20EPFL%202013.pdf.

ECOPLAN (2015): Verkehrsinfrastrukturen smarter nutzen dank flexibler Arbeitsformen: Entlastungspotenziale für die Hauptverkehrszeiten ma Beispiel der Region Bern, http://www.ecoplan.ch/download/peh_sb_de.pdf (Zugriff: 2018-03-14).

ENGEL, U., BARTSCH, S., SCHNABEL, C. & VEHRE, H. (2012[1]): Wissenschaftliche Umfragen: Methoden und Fehlerquellen. Sozialwissenschaften 2012. Frankfurt am Main: Campus Verlag.

EUROPÄISCHE KOMISSION (2011): Weißbuch zum Verkehr: Fahrplan zu einem einheitlichen europäischen Verkehrsraum - hin zu einem Wettbewebsorientierten und Ressourcenschonenden Verkehrssystem. Luxemburg: Europäische Union, https://ec.europa.eu/transport/sites/transport/files/themes/strategies/doc/2011_white_paper/white-paper-illustrated-brochure_de.pdf.

FEHR, G., GEISSELER, L., JÄGER, M., KAISER-VONDERACH, K., KAMM, A., SCHERRER, J., GÜNTHER, E. & ACKERMANN, K. (2016): Gemeinsame Hebel und Wege zur Optimierung der Auslastung im öffentlichen Verkehr: Eine verhaltensökonomische Studie. Zürich: FehrAdvice & Partners AG.

FGSV (2012): Begriffsbestimmungen: Teil: Verkehrsplanung, Straßenentwurf und Straßenbetrieb. FGSV 220. Köln: Forschungsgesellschaft für Strassen- und Verkehrswesen.

GABLER WIRTSCHAFTSLEXIKON (o.J.): Pendler, http://wirtschaftslexikon.gabler.de/Definition/pendler.html (Zugriff: 2017-09-25).

GOOGLE INC. (2018): Google Maps, https://www.google.de/maps/@50.9276595,11.57911,15z (Stand: 2018-03-25) (Zugriff: 2018-03-25).

HÜTTER, A. (2013): Verkehr auf einen Blick.

INHOFFEN, L. (2017): Das nervt die Deutschen bei der Fahrt mit öffentlichen Verkehrsmitteln, https://yougov.de/news/2017/09/09/das-nervt-die-deutschen-bei-der-fahrt-mit-offentli/ (Stand: 2017-09-09) (Zugriff: 2018-03-15).

JENATV (2017): Studie zu Park-and-Ride in Jena, www.jenatv.de/mediathek/42529/Studie_zu_Park_and_Ride_in_Jena.html (Stand: 2017-11-01) (Zugriff: 2018-03-22).

KAUFMANN, M. (2017): Berufspendler im Stress: "Wie ein Kampfpilot im Einsatz", http://www.spiegel.de/karriere/berufspendler-im-stress-wie-ein-kampfpilot-im-einsatz-a-1141677.html (Stand: 2017-04-04) (Zugriff: 2017-09-25).

KEMEN, J. & SCHRAMEK, M. (2015): Mobilität und Gesundheit: Ein Drittel weniger Krankheitstage durch moderate körperliche Bewegung auf dem Weg zur Arbeit. Troisdorf: EcoLibro GmbH.

LAND TRANSPORT AUTHORITY (2015): Free Pre-Peak Travel Extended Until 30 June 2016, https://www.lta.gov.sg/apps/news/page.aspx?c=2&id=02518312-ad79-43d6-948d-05729743a222 (Stand: 2015-05-26) (Zugriff: 2018-03-13).

MONDON, M. (2015): Atlanta Will Pay You to Take the Bus, https://nextcity.org/daily/entry/atlanta-will-pay-you-to-take-the-bus (Stand: 2015-03-17) (Zugriff: 2018-03-13).

NEFZGER, E. (2018): Gratis ÖPNV: "Niemand steigt aus dem Auto, nur weil der Bus gratis ist" (Stand: 2018-02-15).

NUHN, H. & HESSE, M. (2006[1]): Verkehrsgeographie. Grundriss allgemeine Geographie 2687. Paderborn: Schöningh.

OTZ (2017): Umfrage unter Pendlern, http://jena.otz.de/web/jena/startseite/detail/-/specific/Umfrage-unter-Pendlern-1119180738 (Stand: 2017-10-27) (Zugriff: 2017-03-23).

PARK & RIDE REGIONAL (2009): P+R Anlagen Planen, Bauen und Betreiben: Ein Praxis-Leitfaden der Inzell-Initiative, https://www.mvv-muenchen.de/fileadmin/Servicedownloads/PR_Leitfaden.pdf (Zugriff: 2018-03-15).

PARKHERE GMBH (2017): Smart Parking: Der erste energieautarke Parkplatzsensor, http://park-here.eu/ (Zugriff: 2017-09-25).

PRZYBILLA, S. (2016): Park and Ride ist nicht mehr zeitgemäß, http://www.sueddeutsche.de/auto/parkplatzmangel-warum-park-and-ride-nicht-mehr-zeitgemaess-ist-1.2858451 (Stand: 2016-02-12) (Zugriff: 2018-03-24).

SCHIPPL, J., EDELMANN, M., PUHE, M. & REICHENBACH, M. (2015): Einschätzungen zu ökoeffizienten Mobilitätszukünften: Ein visionärer Blick auf die europäische Ebene. – Informationen zur Raumentwicklung, 2, 119–134, http://www.bbsr.bund.de/BBSR/DE/Veroeffentlichungen/IzR/2015/2/Inhalt/dl-schippl-edelmann-puhe-reichenbach.pdf;jsessionid=32F3B1A1083E73441A67B88380E3ECE9.live21304?__blob=publicationFile&v=2.

SCHMITT, N. & SCHULZ, A. (2001): Leitfaden zur Bedarfsermittlung und Planung von P+R- / B+R - Anlagen. Wiesbaden: Hessisches Landesamt für Straßen- und Verkehrswesen.

SPIEGEL ONLINE (2017a): Verkehr: So pendelt Deutschland zur Arbeit, http://www.spiegel.de/wirtschaft/verkehr-so-pendelt-deutschland-zu-arbeit-a-1187172.html (Zugriff: 2018-03-15).

SPIEGEL ONLINE (2017b): Neuer Rekordwert: In Deutschland gibt es immer mehr Pendler, http://www.spiegel.de/karriere/pendler-so-viele-arbeitnehmer-wie-nie-zuvor-pendeln-zum-job-a-1160733.html (Stand: 2017-07-31) (Zugriff: 2017-09-25).

STADTVERWALTUNG JENA (2017): Bürgerhaushalt Jena 2017: Stimmen Sie mit ab! Jena: Stadtverwaltung Jena – Fachdienst Haushalt, Controlling & Organisationsentwicklung.

STRIDDE, T. (2014): Park & Ride: allenfalls Lobeda, http://jena.tlz.de/web/jena/startseite/detail/-/specific/Park-Ride-allenfalls-Lobeda-802950852 (Stand: 2014-03-27) (Zugriff: 2017-09-08).

THÜRINGER LANDESAMT FÜR STATISTIK (2016a): Pendler (30. Juni): Kreisfreie Stadt: Stadt Jena, http://www.statistik.thueringen.de/datenbank/portrait.asp?TabelleID=KR000306&auswahl=krs&nr=53&Aevas2=Aevas2&daten=jahr&ersterAufruf=x&tit2=&TIS=&SZDT= (Zugriff: 2017-09-25).

THÜRINGER LANDESAMT FÜR STATISTIK (2016b): Thüringen-Atlas: Ausgabe 2016. Erfurt: Thüringer Landesamt für Statistik.

THÜRINGER LANDESAMT FÜR STATISTIK (2017): Informationen nach Themenbereichen - Bevölkerung, Mikrozensus, Gebiet, https://statistik.thueringen.de/Themennavi.asp?sg=12 (Zugriff: 2017-12-06).

TOMFORT, D. & KRATZEL, H.: Park + Ride und ÖPNV-Informationen machen Menschen mobil. Köln: Verkehrsverbund Rhein-Sieg GmbH.

VORNDRAN, I. (2011): Unfallstatistik – Verkehrsmittel im Risikovergleich.

ZIPPEL, T. (2017): Thüringen will Millionen-Summe für Zusatzzüge und neuen Bahnhof in Jena ausgeben, https://www.thueringer-allgemeine.de/web/zgt/leben/detail/-/specific/Thueringen-will-Millionen-Summe-fuer-Zusatzzuege-und-neuen-Bahnhof-in-Jena-ausge-1312019402 (Stand: 2017-11-29) (Zugriff: 2018-03-25).

Glossar

Begriff	**Bedeutung**
Motorisierter Individualverkehr (MIV)	Menge aller Verkehrsprozesse, die durch den Nutzer i.d.R. mit einem eigenen Kraftfahrzeug selbst geplant und durchgeführt wird (AMMOSER & HOPPE 2006:12).
ÖPNV	Ortsveränderung von Personen in regionalen bzw. lokalen Bereichen, i.d.R. bis 50 km, unter Nutzung von Fahrzeugen wie Omnibus, Straßenbahn oder Regionalbahn. Die Verkehrsdienstleistungen sind öffentlich zugänglich (BÖTTGER 2017:13).
Quellort	Ort, an dem der Pendler seine meist tägliche Fahrt beginnt (in der Regel die eigene Wohnung)
Reisegeschwindigkeit	1. In Bezug auf Verkehrsmittel: Übliche Geschwindigkeit während des Linienbetriebs, oder im Fall von MIV, in Abhängigkeit von den Straßenbedingungen. 2. Durchschnittliche Geschwindigkeit im Verlauf einer ÖPNV- oder MIV-Reisekette.
Reisekette	s. Verkehrskette
Verkehrskette	„Ist die Bezeichnung für die Abfolge aller technisch und organisatorisch verknüpfter Vorgänge zur Ortsveränderung von […] Personen […] von einer Quelle zu einer Senke." (AMMOSER & HOPPE 2006:28) – Im Kontext dieser Arbeit werden hier verschiedene Zwischenschritte auf einer Fahrt, wie das Befahren verschiedener Straßen, sowie die Nutzung verschiedener Bahnstrecken, Bus- und Straßenbahnlinien im Verlauf einer Fahrt von einem Quell- zu einem Zielort verstanden.
Verkehrssystem	„Eine bestimmte Menge funktionell miteinander verknüpfter Komponenten, welche nach bestimmten Merkmalen aus der Gesamtheit aller im Verkehrswesen vorhandenen Systemelemente abgegrenzt werden." (AMMOSER & HOPPE 2006:37f.) Anwendung bspw.: Abgrenzung der Verkehrssysteme Straße und Schiene.
Zielort	Der Ort, den der Pendler anfährt (i.d.R. der Arbeitsplatz).

Abbildungen

Abb. 1: Die Abschnitte einer Reise mit dem ÖPNV im Vergleich zur Autofahrt (ANDERHUB 2006:4) ... 11
Abb. 2: Verbesserung der Qualität der ersten drei Reiseabschnitte durch kombinierte Fahrt (P+R) (ANDERHUB 2006:4) ... 12
Abb. 3: Durchschnittliche Wegelängen und Anteil an Beförderungsleistung verschiedener Verkehrsmittel in Deutschland 2010 (HÜTTER 2013:7) ... 13
Abb. 4: Abbildung des Fokusgebiet mit demographischen Daten (verändert nach THÜRINGER LANDESAMT FÜR STATISTIK 2016:3) ... 21
Abb. 5: Die Auspendler Jenas. Die Breite der Pfeile spiegelt das Pendlervolumen wider (SPIEGEL ONLINE 2017a) ... 22
Abb. 6: Pendlerströme nach Jena. Die Breite der Pfeile spiegelt ... 22
Abb. 7: Beispiel einer Reisekette mit Etappen und Wegen (ANDERHUB 2006:8) ... 25
Abb. 8: Beispielhaftes Konzept einer mittelgroßen P&R-Anlage mit schräg angeordneten Parkbuchten (SCHMITT & SCHULZ 2001:49) ... 26
Abb. 9: Beispielhaftes Konzept einer kleinen bis mittelgroßen P&R-Anlage (SCHMITT & SCHULZ 2001:49) ... 27
Abb. 10: Der Bahnhof Krakow Glowny (Krakau Hauptbahnhof) mit Parkplatz über den Gleisen (GOOGLE INC. 2018) ... 28
Abb. 11: Im Stadtgebiet München sind nicht alle Bahnhöfe dargestellt (verändert nach MÜNCHNEER VERKEHRSVERBUND 2017, ANDERHUB 2006:8) ... 31
Abb. 12: Flussdiagramm zur Pfadabhängigkeit der Fragen. ... 38
Abb. 13: Handzettel zur Bewerbung der Umfrage ... 39
Abb. 14: ÖPNV-Nutzer und MIV-Nutzer - Die Punkte geben jeweils den Standort der Arbeitsplätze an ... 46
Abb. 15: Anteile der MIV- und ÖPNV-Nutzer ... 46
Abb. 16: Gründe für die Nichtnutzung des ÖPNV durch MIV-Nutzer (Frage 7) ... 47
Abb. 17: Parkplatznutzung am Arbeitsplatz der MIV-Nutzer (Frage 8) ... 48
Abb. 18: P&R- und B&R-Anteil an den ÖPNV-Nutzern (Frage 4) ... 48
Abb. 19: Wie legen die ÖPNV-Nutzer den Weg zu Startbahnhof oder -haltestelle zurück? (Frage 5) ... 49
Abb. 20: Gründe für die Nutzung des ÖPNV (Frage 9) ... 49
Abb. 21: Angaben der ÖPNV-Nutzer zu negativen Aspekten der P&R und B&R-Nutzung, sowie des ÖPNV (Frage 18) ... 50
Abb. 22: „Teufelskreis" des ÖPNV in ländlichen Gebieten ... 55

Abb. 23: Beispiel einer Entfernungsmessung am Bahnhof Neue Schenke. 58
Abb. 24: Krankheitstage von verschiedenen Nutzungstypen. 72

Tabellen

Tab. 1: Demographische Daten des Untersuchungsgebietes. Die blauen Balken stellen je Spalte den Anteil am höchsten Wert dar. Datengrundlage: THÜRINGER LANDESAMT FÜR STATISTIK 2017 20
Tab. 2: Auspendler und Einpendler Jenas 23
Tab. 3: Wem wurden bei der Befragung welche Fragen angezeigt? Der gesamte Fragenkatalog befindet sich im Anhang. 37
Tab. 4: Rangfolge der Gewichtung der Bewertungskriterien in der Analyse der Bahnhofsstandorte. Die Spalte „Gewicht" bildet den Gewichtsvektor für die Bewertung 42
Tab. 5: Bewertung der Distanz zwischen Parkplatz und Zugzugang am Bahnsteig 43
Tab. 6: Bauliche Merkmale zur Bestimmung der Qualität von Parkplätzen. 44
Tab. 7: Wer hat P&R oder B&R schon einmal ausprobiert? 51
Tab. 8: Durchschnittsangaben zu Distanzen, Zeiten und Geschwindigkeiten 52
Tab. 9: Ergänzungstabelle zu Tab. 10 Parkplatztypen 56
Tab. 10: Übersicht über die untersuchten Parkplätze 57
Tab. 11: Wertung der Entfernung der Parkplätze von den Gleisen. 58
Tab. 12: Distanzen zwischen den Parkplätzen und den Zugangsbereichen zu den Bahnfahrzeugen (Gleisen) 60
Tab. 13: Art des Gleiszugangs 60
Tab. 14: Qualität der Parkplätze 61
Tab. 15: Weitere Parkmöglichkeiten in Bahnhofsnähe. 61
Tab. 16: Zusammenfassung der Situation an den untersuchten Bahnhöfen (eindrucksorientierte Bewertung). 64
Tab. 17: Ergebnis der analytischen Bewertung der Startbahnhöfe bezüglich ihrer P&R-Eigenschaften 64
Tab. 18: Zeitaufschlüsselung der Reisekette von Hummelshain zur Firma Alere im Gewerbegebiet Saalepark in Jena 66
Tab. 19: Kostenvergleich der MIV- und ÖPNV-Nutzung zwischen Hummelshain und der Firma Alere 66

Tab. 20: Zeitaufschlüsselung der Reisekette zwischen Wichmar und Jena Optronik im Gewerbegebiet Göschwitz....67
Tab. 21: Kostenvergleich der MIV- und ÖPNV-Nutzung zwischen Wichmar und Jena Optronik....67
Tab. 22: Zeitaufschlüsselung der Reisekette zwischen Kahla und Jena - Carl-Zeiss-Promenade....68
Tab. 23: Kostenvergleich der MIV- und ÖPNV-Nutzung zwischen Kahla und dem Zeisswerk in Jena.....68
Tab. 24: Zeitaufschlüsselung der Reisekette von der Stauffenbergstraße zum Loquitzweg....69
Tab. 25: Kostenvergleich der MIV- und ÖPNV-Nutzung zwischen Stauffenbergstraße und Loquitzweg....70

Anhang

- 1. Fragebogen zur Umfrage zum Pendlerverhalten
- 2. Karte: Distanzen zwischen Wohnorten und Arbeitsplätzen der Berufspendler
- 3. Karte: Wohn- und Zielorte von ÖPNV- und MIV Nutzern (aus Frage 3,“Nutzen Sie regelmäßig den ÖPNV?“)
- 4. Karte: Überfüllung der Züge (Frage 18)

Umfrage zum Pendlerverhalten im Raum Jena zur Nutzung von Park & Ride und Bike & Ride.

Seite 1

Bitte kurz durchlesen!

An wen richtet sich dieser Fragebogen?
1. An Pendler, die regelmäßig (i.d.R. werktäglich) nach Jena einpendeln.
2. An Bewohner Jenas, deren regelmäßiger Weg zur Arbeit (auch außerhalb von Jena) zu weit ist, um ihn nur zu Fuß oder mit dem Fahrrad zurückzulegen.

Folgendes Kriterium sollte erfüllt sein:

- (Werk)-tägliches Pendeln zum Arbeitsort.

Bei Fragen können Sie mich gerne kontaktieren:
matthias.koch@uni-jena.de

Datenschutz:
Die hier erhobenen Daten werden ausschließlich für die Auswertung im Rahmen meiner Masterarbeit verwendet.

1. Angaben zu Wohnort und regelmäßig (i.d.R. täglich) angefahrenem Zielort:

ACHTUNG: Möglichst genaue Angaben zu Wohn- und Zielort auf durch Angabe der genauen Adresse, der Straße, oder zumindest dem Gewerbegebiet (z.B.Jena, Saalepark; Jena21) oder einem allgemein bekannten und nachvollziehbaren Merkmal in Ortsnähe (Norma in Jena-West; Jena, Hölleinplatz; Jena, Ernst-Abbe-Denkmal; Rewe in Kahla) wären hier sehr wichtig um das Suchgebiet möglichst eng zu halten und die Reisekette (bei reiner Autonutzung die mögliche Reisekette) mit dem ÖPNV besser nachvollziehen zu können. Insbesondere die Angabe: "Zielort: Jena" ist leider zu ungenau! Vielen Dank für die Beachtung!

Ihr Wohnort (möglichst genau, am besten mit Adresse oder Straße) ____________________

Ihr Zielort (möglichst genau; Adresse, Firma, oder Gewerbegebiet etc.) ____________________

2. Wie lange brauchen Sie für Ihren Arbeitsweg (von der Haustür zum Arbeitplatz)

____________________ Minuten

3. Nutzen Sie beim Pendeln zwischen Wohn- und Arbeitsort regelmäßig (mind. 1x pro Woche) öffentliche Verkehrsmittel wie Bahn oder Bus (ÖPNV)? *

○ Ja

○ Nein

4. **Nutzen Sie regelmäßig (mind. 1x pro Woche) Park & Ride, oder Bike & Ride, stellen also Ihr Auto oder Fahrrad an einem Bahnhof/einer Haltestelle in Wohnortnähe ab, um mit Zug, Tram, oder Bus weiter in Richtung Ihres Zielortes zu fahren.**

- ◯ Ja
- ◯ Nein

Seite 2

5. **Wie erreichen Sie den Startbahnhof/die Haltestelle in der Nähe Ihres Wohnortes?** *

- ◯ Mit dem Auto
- ◯ Mit dem Fahrrad
- ◯ Zu Fuß
- ◯ Mit dem Auto oder dem Fahrrad
- ◯ Mit dem Fahrrad oder zu Fuß
- ◯ Ich werde gebracht

6. **Wie lange benötigen Sie zu Ihrem Startbahnhof/Ihrer Starthaltestelle?**

[ ] Minuten

7. **Warum nutzen Sie P&R oder B&R, bzw. öffentliche Verkehrsmittel nicht?**

- ☐ Habe ich noch nicht in Erwägung gezogen
- ☐ Ich bin mit der derzeitigen Situation zufrieden.
- ☐ Mehr Flexibilität mit dem Auto
- ☐ Ruhe und Zurückgezogenheit im Auto
- ☐ Weniger Komfort (im Zug oder Bus)
- ☐ Keine freien Parkplätze
- ☐ Dauer der Parkplatzsuche am Startbahnhof
- ☐ Unsicherheit, einen freien Parkplatz am Startbahnhof zu erhalten
- ☐ Längere Fahrtzeit
- ☐ Höhere Kosten
- ☐ Überfüllung der Züge.
- ☐ Kein Bahnhof / Haltestelle in der Nähe meines Arbeitsplatzes
- ☐ Ich müsste zu oft umsteigen
- ☐ Sonstige

8. **Wo stellen Sie Ihr Auto am Arbeitsplatz ab?**

- ◯ Parkplatz/Parkhaus kostenlos oder arbeitgeberfinanziert
- ◯ Parkplatz/Parkhaus selbst finanziert
- ◯ Am Straßenrand
- ◯ Unterschiedlich

9. **Warum nutzen Sie P&R oder B&R, bzw. fahren mit öffentlichen Verkehrsmitteln?**

- [ ] Zeitersparnis
- [ ] Kostenersparnis
- [ ] mehr Komfort
- [ ] Fahrtzeit besser nutzbar
- [ ] Ich habe kein Auto
- [ ] Sonstige

10. **Haben Sie P&R oder B&R schon einmal ausprobiert?**

◯ Ja

◯ Nein

Seite 3

11. **Kommentar zur Angabe von sonstigen Gründen zur Nutzung von P&R, B&R und öffentlichen Verkehrsmitteln:**

12. **Sonstige Gründe der Nicht-Nutzung von P&R, B&R und öffentlichen Verkehrsmitteln:**

13. **An welchem Bahnhof/Haltestelle stellen Sie ihr Auto oder Fahrrad ab?**

14. Nehmen Sie Ihr Fahrrad im Zug mit?

- ◯ ja
- ◯ nein

15. Wie viel länger ist die Fahrtzeit mit dem Zug (Gesamtfahrtzeit vom Heimatort zum Bahnhof und im Folgenden zum Zielort) im Vergleich zur Autofahrt (in Minuten):

16. Wie viel höher wären ihre Kosten pro Hin- und Rückfahrt? Betrag in Euro, Cent.

17. Benennen Sie bitte Ihre Komforteinbußen der Nutzung öffentlicher Verkehrsmittel gegenüber dem Auto.

18. Was sind für Sie negative Aspekte der Nutzung von Park & Ride (P&R)- oder Bike & Ride (B&R) und öffentlichen Verkehrsmitteln (wie Zug oder Bus)? In Ihrem Fall zutreffendes bitte wählen.

- ☐ Weniger Komfort in Zug oder Bus als im Auto
- ☐ Mehr Flexibilität oder Stauraum wie bei Nutzung des Autos wären mir wichtig
- ☐ Längere Fahrtzeit (mit Zug oder Bus)
- ☐ Kein Bahnhof/Haltestelle in der Nähe meines Arbeitsplatzes
- ☐ Überfüllung der Züge
- ☐ Häufiges Umsteigen
- ☐ Verspätungen und Zugausfälle
- ☐ Sonstige

19. Was sind für Sie negative Aspekte der Nutzung von Bike & Ride (B&R)?

- ☐ Abstellen des Fahrrades an Startbahnhof/Starthaltestelle zu unsicher
- ☐ Keine Abstellmöglichkeiten für das Fahrrad an Startbahnhof/Starthaltestelle

20. Was sind für Sie negative Aspekte der Nutzung von Park & Ride (B&R)?

- ☐ Ich bin mir zuhause nicht sicher, ob ich am Startbahnhof/Haltestelle einen freien Parkplatz finde.

Seite 4

21. Angabe von weiteren negativen Aspekten der Nutzung von öffentlichen Verkehrsmittelen und von P&R oder B&R:

22. Haben Sie abschließend noch einen Kommentar zum Thema oder zu dieser Umfrage? Berichten Sie mir von Ihrer persönlichen Situation, Problemen und Herausforderungen auf Ihrem täglichen Arbeitsweg.

23. Ergänzungen in der Auswertung

» Umleitung auf Schlussseite von Umfrage Online (ändern)

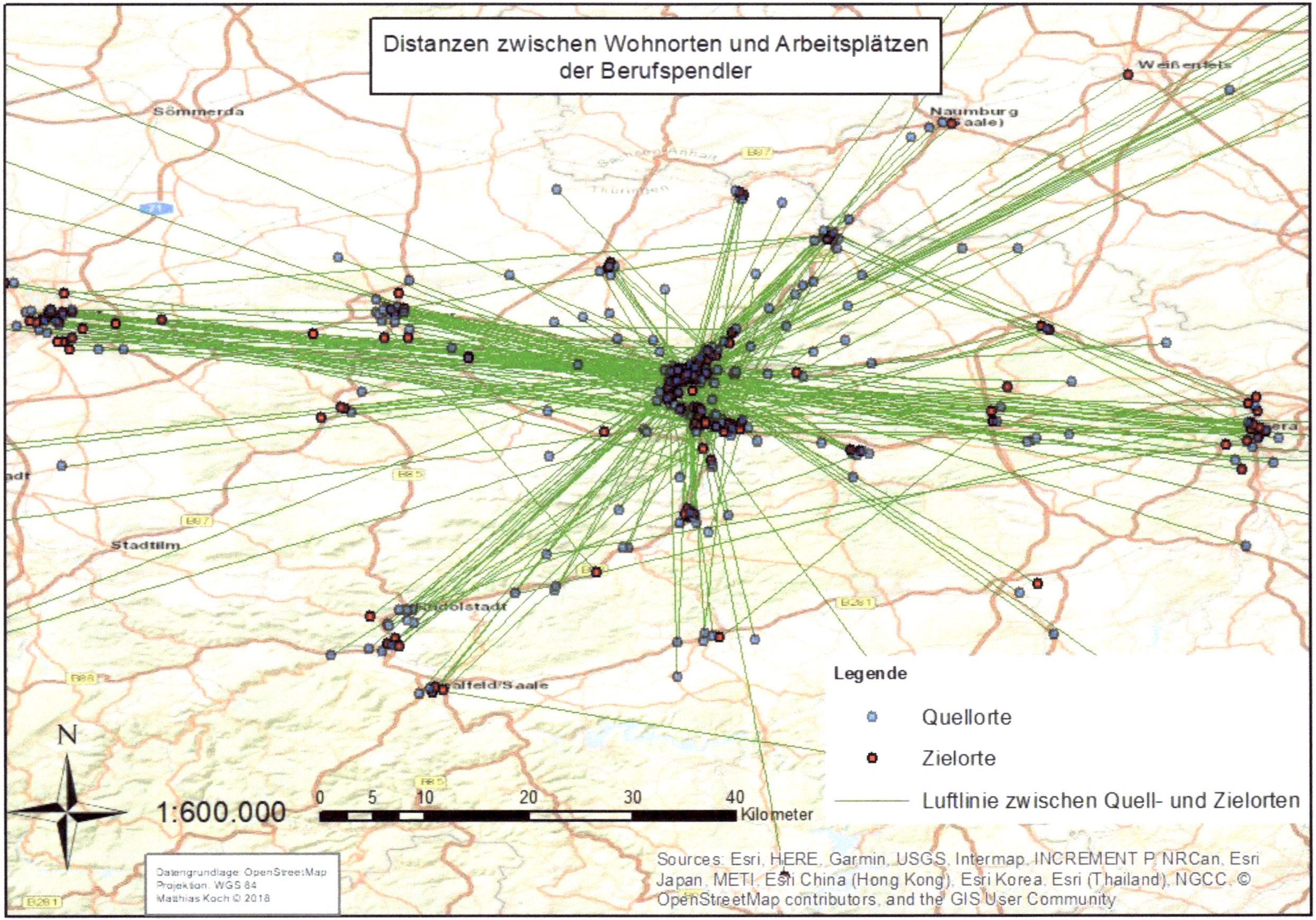
Distanzen zwischen Wohnorten und Arbeitsplätzen
der Berufspendler
Sömmerda
Naumburg (Saale)
Weißenfels
Stadtilm
Saalfeld/Saale
Legende
Quellorte
Zielorte
Luftlinie zwischen Quell- und Zielorten
1:600.000
0 5 10 20 30 40 Kilometer
N
Datengrundlage: OpenStreetMap
Projektion: WGS 84
Matthias Koch © 2018
Sources: Esri, HERE, Garmin, USGS, Intermap, INCREMENT P, NRCan, Esri Japan, METI, Esri China (Hong Kong), Esri Korea, Esri (Thailand), NGCC, © OpenStreetMap contributors, and the GIS User Community

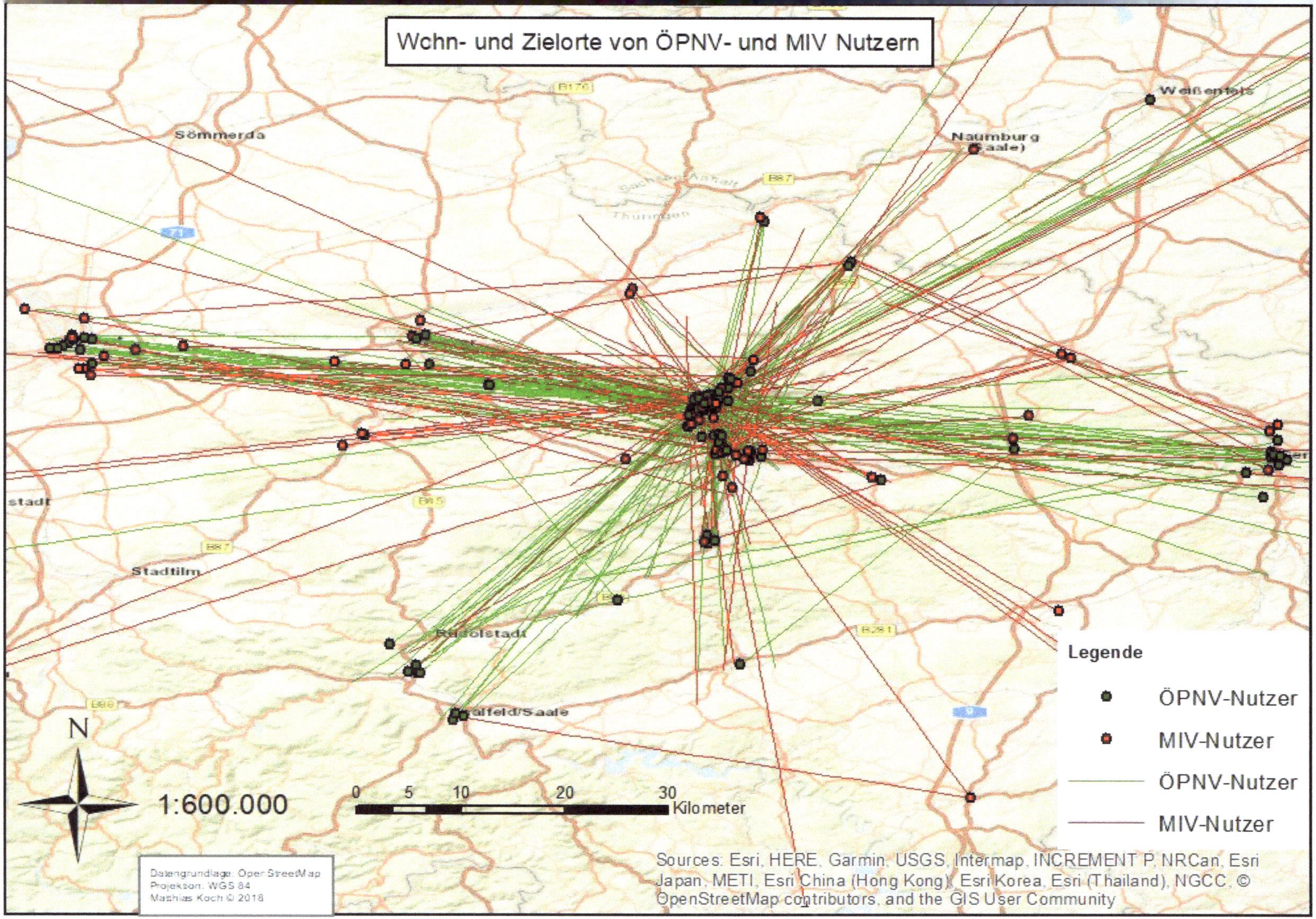
Wchn- und Zielorte von ÖPNV- und MIV Nutzern
Weißenfels
Naumburg (Saale)
Sömmerda
Stadtilm
Rudolstadt
Saalfeld/Saale
Legende
ÖPNV-Nutzer
MIV-Nutzer
ÖPNV-Nutzer
MIV-Nutzer
N
1:600.000
0 5 10 20 30 Kilometer
Datengrundlage: OpenStreetMap
Projektion: WGS 84
Matthias Koch © 2018
Sources: Esri, HERE, Garmin, USGS, Intermap, INCREMENT P, NRCan, Esri Japan, METI, Esri China (Hong Kong), Esri Korea, Esri (Thailand), NGCC, © OpenStreetMap contributors, and the GIS User Community

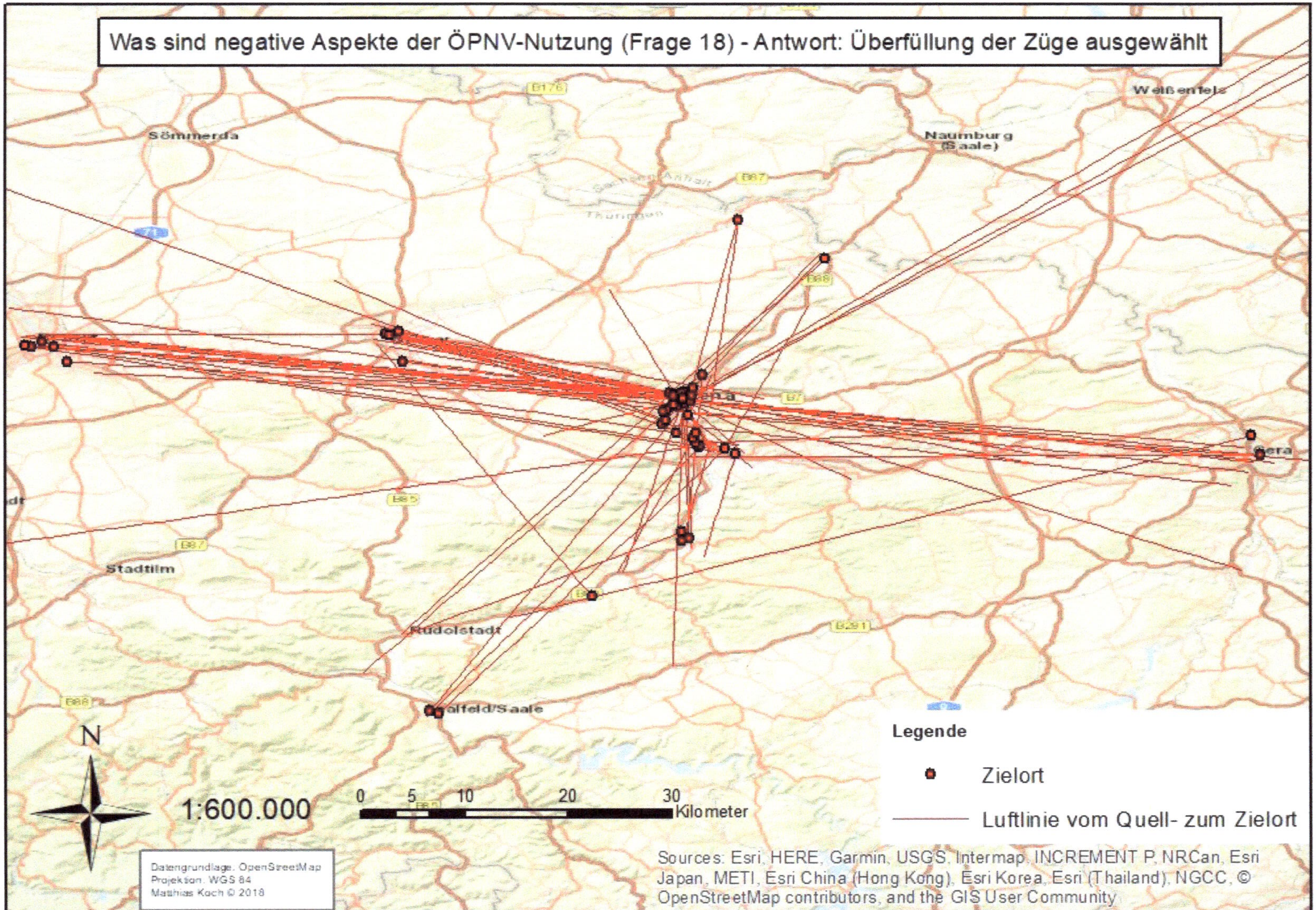

Was sind negative Aspekte der ÖPNV-Nutzung (Frage 18) - Antwort: Überfüllung der Züge ausgewählt
Weißenfels
Sömmerda
Naumburg (Saale)
Stadtilm
Rudolstadt
Saalfeld/Saale
Gera
1:600.000
0 5 10 20 30 Kilometer
N
Legende
Zielort
Luftlinie vom Quell- zum Zielort
Sources: Esri, HERE, Garmin, USGS, Intermap, INCREMENT P, NRCan, Esri Japan, METI, Esri China (Hong Kong), Esri Korea, Esri (Thailand), NGCC, © OpenStreetMap contributors, and the GIS User Community
Datengrundlage: OpenStreetMap
Projektion: WGS 84
Matthias Koch © 2018